Albert Ostermaier
The Making Of.

Stücke

Suhrkamp

The Making Of. B.-Movie entstand mit freundlicher
Unterstützung der Kulturstiftung der
Stadtsparkasse München

edition suhrkamp 2130
Erste Auflage 1999
© Suhrkamp Verlag Frankfurt am Main 1999
Erstausgabe
Satz: Jung Satzcentrum, Lahnau
Druck: Nomos Verlagsgesellschaft, Baden-Baden
Umschlag gestaltet nach einem Konzept
von Willy Fleckhaus: Rolf Staudt
Printed in Germany

2 3 4 5 6 – 04 03 02 01 00

Inhalt

Vorwort
Helmut Krausser

Albert Ostermaier ist ein Dramatiker, der noch dem Wort vertraut, dem es für sein Theater nicht genügt, wenn es irgendwo knallt. Er ist in die Worte verbissen wie sonst kaum jemand aus seiner Generation. Sein hervorstechendstes Stilmittel ist der Sermon, der leidenschaftliche Redefluß des Wanderpredigers. Einmal in Gang gesetzt, findet seine Sprache von ganz alleine ihren Weg durch die Wüste. Sprache wird zum Gerät der Fortbewegung, beschleunigt sich, gerät in Raserei, legt sich mit jeder im Weg liegenden Kurve an, ohne ihr Tempo zu drosseln, redet sich in Trance. So geschieht es, daß manchmal im Theater des Albert Ostermaier die Geschwindigkeit in scheinbaren Stillstand umschlägt. Hinter den Worten ist eine fast zärtliche Stille entstanden, Sprache hat ihre Hülsen abgeworfen und sich in ein Gefühl verwandelt. Man hat das einmal Beschwörung genannt. Später Suggestion. Albert Ostermaier kennt deren Rituale und Tricksereien sehr genau. Er eignet sich ohne jede Furcht den Fundus der Expressionisten an, genauso wie den Beathymnus eines Ginsberg, antike Metren, Hip-Hop-Rhythmen oder romantische Tonlagen. Postmoderne taugt für sein Theater als Begriff keinesfalls. Wie es für einen guten Dichter selbstverständlich sein sollte, reagiert Ostermaier polyrhythmisch auf eine polymorphe Zeit. Er surft nicht bequem auf jüngsten literarischen Moden. Die Forderung, Literatur müsse den Sound ihrer Zeit konservieren, übersieht, daß dieser (immer angebliche) Sound in jedem Ohr ein bißchen anders klingt, ein Gewirr aus Stimmen darstellt, die miteinander noch im Kampf liegen. Was in zehn oder fünfzig oder hundert Jahren für den Sound unserer Zeit gehalten werden wird, weiß ich nicht, nur daß es drei sehr verschiedene

Klänge sein werden, dessen bin ich mir einigermaßen sicher. Ostermaier sperrt sich in keine Konservenbüchse, macht sich nicht klein. Er packt zu, spielt mit dem großen Arsenal, also der Gleichrangigkeit aller zur Verfügung stehenden Mittel. Daß dies nicht zum eklektizistischen Kuddelmuddel verkommt, sondern von einer souveränen Komposition getragen bleibt, die über hunderte überraschende, manchmal verstörende Wendungen stets sicher am Zielflughafen eintrifft – ist außerordentlich.

Komposition scheint mir als Terminus treffender als etwa Dramaturgie. Denn Ostermaiers Hauptanliegen ist das der Sprache innewohnende Melos, das er unnachahmlich zum Klingen bringt. Oft kommt das Verständnis des Publikums seinen Sätzen kaum noch hinterher – und wird doch von der entstehenden Sprachmelodie mitgenommen, in Bann gehalten, weiter fortgetragen, um später, an einem der kunstvoll gesetzten Ruhepunkte, behutsam abgesetzt zu werden. Ostermaier weiß, als einer der im Pop aufgewachsen ist, genau, wann er Pausen zu setzen hat, wann der Sermon sich abbremsen, sich auf das Gesagte rückbesinnen muß, bevor Leidenschaft ins Schwafeln gerät. So risikoreich und ziellos, wie er scheinbar den Wortschwall hinausschickt, so geschickt lenkt er ihn auch durch die dahinterliegende Stille, macht dabei erstaunlich selten vom oft so hilfreichen Arsenal irgendeines Bühnenaktionismus Gebrauch. Sein Theater ist keines der Gesten, keines der zeigenden Körperlichkeit. Fast immer herrscht die unmodisch gewordene Form des inneren Monologs vor. Seine Figuren vollführen keine aufeinander abgestimmten Schaukämpfe, werfen sich keine Bälle zu. Selbst im Dialog halten sie ständig Zwiesprache mit sich selbst, lassen sich ungern unterbrechen – und sind so meist näher an der Menschlichkeit, als es mit großem Aufwand betriebene rhetorische Scheingefechte vermöchten. Sie ringen um sich, gebrauchen hierzu Pathos, Emphase, Poesie. Alles, was wir in der Ära übertriebener Lakonik so sehr vermißt haben. Das

Geprassel schneller Pointen behält sich Albert Ostermaier fürs Private vor. Sein Theater ist anders, ist etwas Besonderes, nicht leicht zu goutieren, wird von manchen vielleicht sogar als unzeitgemäße Zumutung begriffen. Um so begrüßenswerter ist der Erfolg, den er damit verbuchen kann. Nur ein Anachronist kann letztlich auf der Höhe der Zeit sein – sofern man Zeit nicht durch bloße Gegenwart schmälern will. In *Radio Noir* gibt es eine Stelle, die lautet: *das/monster das aus deiner frau kroch &/mit deinen zügen im gesicht zu einem/fremden mutiert wir sind das fremde/wir flüstern nicht wir schreien wir/sind der generalstreik eurer vernunft* – diese Stelle hat mich mehr als beeindruckt. Der Dichter bestimmt seine Position als Störfaktor und Heimsuchung. Letzteres Wort kann man im sehnsuchtsvollsten Sinne der Romantik lesen. Albert Ostermaier sucht, wie kaum ein anderer, sein Zuhause in der Sprache – unser Zuhause in seiner Sprache –, ein Mystagoge, Verführer, Abenteurer, Traumwandler, was auch immer. Eins ist sicher: Albert Ostermaier ist ein herausragendes Talent in der Leistungsklasse junger deutscher Dramatiker.

The Making Of.
B.-Movie

Bild-Regie
Eine Vorbemerkung

Die Regieanweisungen des Stückes verstehen sich nicht als bühnenpraktische Hinweise zur Figurenführung und Raumkomposition, sind keine Spielanleitung im klassischen Sinn, sondern viel mehr der Versuch eines atmosphärischen Roadmovies, einer surrealen Verfilmung der Bühnenwirklichkeit. Sie nehmen den Titel des Stückes programmatisch: Ein Film läuft ab, vor und in den Köpfen der Zuschauer. Sie sind also nur begrenzt spielbar und sowohl ein bewusster Kontrapunkt zum szenischen Geschehen als auch dessen bildhafte und mediale Verdichtung. D. h., sie sollten integraler Bestand der Inszenierung sein, zumindest im Gestus einer Verfremdung gelesen oder vermittelt werden.

Dies könnte so erreicht werden: Wenn die Zuschauer den Raum betreten, sehen sie ein Fernsehteam, das anscheinend Vorbereitungen trifft, das Stück aufzuzeichnen. Am Rande der Bühne ist ein Regiepult und Schneideplatz installiert sowie eine Videoleinwand, auf der die Zuschauer die Schnitte und Bildregie des Fernsehteams verfolgen können. Die Kamerafahrten werden zum Alternativauge des Betrachters, es entsteht ein gezielter Konflikt zwischen der real und live erlebten, sinnlich erfassten Bühnenwirklichkeit und der medialen Umsetzung und Manipulation. So könnte ein optischer Diskurs zwischen Theater und Film entstehen, die Techniken beider Medien werden vorgeführt im doppelten Sinne. Man kann an Berichte von Dreharbeiten denken, die desillusionierende Banalität des Sets und die verblüffende Perfektion und Illusionskraft des Endprodukts. Das Spiel der Schauspieler kann von diesen Dreharbeiten oder Livemitschnitten beeinflusst werden, Szenen wiederholt oder in einer anderen Chronologie auf dem Bildschirm gezeigt werden. Da der Zuschauer nicht weiss, ob es sich tatsächlich um eine Liveübertragung auf dem Videoscreen handelt, können auch als Irritation vorproduzierte Szenen abgespielt werden. Während die Bühne die Totale zeigt, zeigt der Bildschirm den Ausschnitt, verzerrt die Perspektive, manipuliert und virtualisiert das Geschehen. Ein Kampf um Wirklichkeit zwischen Theater und Film, Kamera und Auge, in dessen Zentrum als Bindeglied und Zerreissprobe der Schauspieler steht. Film ab, Vorhang auf:

Personen:

Andree, *später*: Brom
Nana, *Andrees Freundin*
Silber, *er könnte auch die Rolle des Soldaten spielen*
Mäzenatin
Emilie, *ihre Geliebte, später auch die Prostituierte*
Müller-Schuppen, *Kritiker*
Intendant
Gil Mattis, *Talkmaster*
Junger Mann
Johannes, *Kellner und Liebhaber Andrees*
Hanna, *Schauspielerin*
Soldat
Zweiter Soldat
Dritter Soldat
Vierter Soldat
Afrikanische Prostituierte
Diener
Hoteljunge
Dealer
Maskenbildnerinnen
Kamerateam
Fernsehregisseur
Bar-, Party-, Hotel- sowie Kantinengäste und
-personal

Bild I
Afrika

*Ein Zimmer in Afrika. Durch das Fenster sieht man einen
rot glühenden Mond. Der Zikadensingsang und die sonst
zu erwartenden Geräusche werden dünn angedeutet, doch
immer wieder grell unterbrochen von übermütigem Mo-
torenlärm und Schreien. Die Wände sind feucht, den Bil-
dern bleicht die Farbe aus, ein Ventilator dreht sich unter
Schmerzen, Bogart schaut seiner Kleinen in die Augen. Die
Bücher ertragen die Hitze nicht, die nächtliche Kälte, sie
biegen sich nach allen Seiten hin. Andree läuft durchs
Zimmer, einen Brief in der Hand, den er immer wieder
von neuem liest. Er spricht mit stummen Lippen die Sätze
nach, als begreife er nicht, als müsste er sie in seine Schreibmaschine schlagen, zu begreifen, und so schlägt er auf sie
ein, bis er begriffen hat. Trinkt, seine Finger zu vergessen,
kämpft gegen jedes Blatt, schluckt Tabletten, wird, je hilfloser er ist, desto aggressiver. Ein Gescheiterter, der sich
retten will. Die Nacht interessiert das nicht, nicht das Radio, das gegen ihn anbrüllt. Im Hintergrund liegt, mit
Decken gegen den Lärm verhüllt, seine schwarze Freundin unter einem Moskitonetz aus dreckigem Weiss. Er
steht vor der Bühne wie vor einem blinden Spiegel. Eigentlich ist er ein ruhiger, vielleicht etwas nervöser, unauf-
fälliger Mensch gewesen – vor dem Ende der Nacht und
dem Beginn seiner Reise.*

ANDREE Ich muss, schreibt er, dem Chaos in meinem Kopf
endlich das Fleisch von den Rippen ziehen. Das Fleisch
von den Rippen. Jetzt, als ginge ich über Leichen. Er hat
recht, verdammt, ich muss es. Die Zeiten wollen verunsichert sein, und was ist schon ein Mördergewissen gegen
die stinkende Fäkaliengrube in meinem Hinterhaupt.

Dem Chaos in die Fresse schlagen, muss ich, er hat recht, aus dem Himmel kommt keiner wieder. Vielleicht aus dieser Hölle. Ich muss es.

FREUNDIN *nimmt die Kissen von ihrem Kopf.*
Es reicht, komm ins Bett.

ANDREE Endlich hört dieses Dahinvegetieren auf, endlich Klarheit in meinem Kopf. Es ist alles wie weggewischt. Ich werde wieder schreiben können, hörst du, wieder schreiben können.

FREUNDIN Ja, aber jetzt komm. Was quälst du dich die ganze Nacht. Leg dich endlich schlafen. Ich kann das Stöhnen deiner Schreibmaschine nicht mehr ertragen. Komm.

ANDREE Schlafen kann ich, wenn ich tot bin. Aber das verstehst du nicht. Du verstehst nichts. Du kannst mich nicht verstehen. *Er läuft weiter durchs Zimmer, trinkt, schreibt, stellt das Radio lauter.*

FREUNDIN *nachdem sie erneut versucht hatte einzuschlafen. Sie beobachtet ihn.*
Jetzt sind es vier Jahre her, dass du zuletzt etwas von ihm gehört hast, deinem schönen Freund. Was hat er dir denn geschrieben, dass ich dich plötzlich nicht mehr verstehen kann?

ANDREE Dass ich hier verfaule.

FREUNDIN Was?

ANDREE Nichts, nichts, schlaf!

FREUNDIN Mein kleiner Dichter spielt wieder den starken Mann.

ANDREE Ja, ich muss, ich muss, ich muss. *Er wiederholt für sich den Brief.* Mache sie dem Erdboden gleich, belagere sie, spucke ihnen in den Kaffee,

FREUNDIN Nein, jetzt versteh ich dich wirklich nicht mehr.

ANDREE sperre ihnen die Heizung ab, bohre die Schuhe an, provoziere sie. Schlag deinen Kopf solange gegen die Wand, bis die Wanzen dir das Blut von der Stirn lecken und du sie zertreten kannst, wenn sie mit ihren fetten Bäuchen dir lallend vor die Füsse fallen. Was hält dich noch. Verdammt, was hält mich eigentlich noch, soll ich warten, bis mich die Fische fressen?

FREUNDIN Hast du was eingeworfen, haben wir wieder die euphorische Phase, oder knallst du jetzt einfach völlig durch. Der Dichter probt den Aufstand in der Ferne und schiesst mir ins Gesicht. Ich muss, ich muss, ich muss. Vielleicht musst du wirklich mal, aber ohne mich. *Ihre Wut schlägt in Verzweiflung um, sie beginnt langsam, sich anzuziehen, so, als wolle sie gehen.*

ANDREE *hält inne, sieht ihr lange zu.*
Ich kann hier nicht mehr atmen, verzeih.

FREUNDIN *nach einer Pause:*
Komm. *Sie nimmt ihn in ihre Arme, versucht ihn zu beruhigen, doch er beginnt, sie stürmisch zu küssen, wird immer heftiger, so als wolle er sich und alles, was ihn umgibt, auslöschen in seiner Hingabe. Er bedrängt sie, während sie immer weiter versucht, ihn lediglich aufzufangen, ins Bewusstsein zurückholen, zum Sprechen zu bringen.* Was hat

er dir geschrieben? Was steht in dem Brief? Dass du es nochmals versuchen kannst?

ANDREE *während sie beginnen, sich zu lieben. Die Freundin, obwohl an seine Phantasien gewöhnt, ist verunsichert, wie sie seine Worte in dieser Situation verstehen soll oder muss.* Dass ich dir die Haut abziehen und ihm darauf antworten soll, dass ich wie ein Tier mit meinen Zähnen die Worte in dein Fleisch reissen muss als Zeichen meiner Liebe. So schrieb er's, dass ich dir die Lippen blutig küssen will, bis sie unter meinem heissen Atem versiegeln, was ich sagen muss, und dann erstarren wie der Lack in deinem Fingerbett. Mit deinen Wimpern über seinem Namen sollen meine Worte reisen, mit deinem Schamhaar unter meinem letzten Satz, wenn ich die Tinte auswusch dran. Wir wollen deine Knochen zählen dann und trommeln bis die Nacht vergeht und unsre Angst.

FREUNDIN Mein Angst wird nur grösser, wenn du so weitersprichst, fast so gross und weit wird sie wie dieses Land, und dennoch lieb ich dich, mein Zombie.

ANDREE *immer müder*
Mein Afrika, du bist der Kontinent, der sich aus meiner Brust heut bricht und mich verliert. Bald treibst du allein mit meinem Herz auf einem Meer voll schwarzem Blut und blauen Augen, die nicht sehen und wissen, was geschah. Ich geh fort mit deinem Haar auf meiner Brust, das Loch zu stopfen, das ich schlug, um frei zu sein. Ich lass dir mein Herz, lass du mir den Gedanken, dich zu verlassen bis die Wunde heilt und die Narben mir den Weg zeigen, zurück zu dir.

FREUNDIN Gut gebrüllt, mein alter Kontinent. Schlaf jetzt, dein Blut ist viel zu schwer und müd, um diesen Weg zurück zu machen. Die Flüsse trocknen aus, noch ehe du dir die Schuhe anziehen kannst. Nie wirst du mich verlassen, solang' ich dir nach deinen bösen Träumen noch den Sand aus den Augen reiben muss. Schlaf endlich.

ANDREE Ich bin noch nicht tot.

FREUNDIN Schlaf, das Chaos kann warten.

ANDREE Er kommt.

Bild II
Pfeffer

*Eine heruntergekommene Bar am Morgen danach. Die
Sonne steht wie ein kitschiger Feuerball im klapprigen
Fenster und sieht dem Wind gelangweilt zu, wie er die Tü-
ren schlägt und seinen Sand in die rot geträumten Augen
der Männer bläst, die die Nacht noch nicht verlassen hat.
Die Musik bewegt die Glieder kaum, läuft in die Leere des
Zimmers, niemand beachtet sie. Der Tag fängt so träge an,
wie er zu Ende gehen wird. Die Zeitungen sind von gestern. Andree sitzt in einer Ecke, starrt vor sich hin, ein
Fremdkörper, dessen Nervosität gegen die Übereinkunft
verstösst, ein Toter, der die Lebenden beim Sterben stört.
Er wartet auf Silber. Welcher Luxus, noch zu warten. Silber tritt ein und die Realität in den Raum.*

ANDREE Hätte dich noch nicht erwartet, immer herein.
Sonne gibt's genügend, der faule Zauber nimmt kein
Ende. Rotwein?

SILBER Ein Morgen wie ein Roman. Wie geht es dir?

ANDREE Wie lang haben wir uns nicht gesehen? *zum Kellner* Zwei Rotwein.

SILBER Hier bist du also zu Hause.

ANDREE Ich bring so ein ekliges Gefühl heute nicht los, bin
wie betäubt. Lass dich umarmen.

SILBER Lang ist es her, sieben Jahre?

ANDREE Sind keine Ewigkeit, trinken wir drauf!

SILBER Verdammt ungemütlich hier, halb Afrika sieht zu. *Lacht.*

ANDREE Ich geh nicht mehr zurück nach Haus, ich geh mit dir. Der Wolf geht mit dem Mond. War's nicht immer so?

SILBER Du bist schon ganz gut in deiner neuen Rolle. Vielleicht etwas zu viel Casablanca, Kleiner.

Ein Besoffener mit fanatischen Augen kommt an ihren Tisch und bietet ihnen in einem unverständlich zerdehnten Französisch Drogen an.

ANDREE Was ist das für ein Wind? *Er verscheucht den Dealer mit einer abfälligen Geste, worauf dieser ihn verflucht, ihm vor die Füsse spuckt und lachend die Bar verlässt.*

SILBER Hast du ihr gesagt, dass du gehst?

ANDREE Soll sie doch bleiben, wo der Pfeffer wächst.

SILBER Du kommst mit mir?

ANDREE Ich werd hier keine Wurzeln schlagen. Du siehst doch, die Wüste frisst mir das Gesicht auf, war es nicht schön?

SILBER Die Farbe steht dir gut für unsern Plan. Aus Andree wird Brom, der Söldner. Ich schreib die Texte und du gibst den dichtenden Provokateur. Genial, nicht? Dir wird man die Rolle abnehmen, mir glaubt man nichts, mich kennt man. Es ist ganz einfach, ich konstruiere die Figur und du leihst ihr dein Gesicht. Das ist der Deal.

ANDREE Spiess dir meine Fresse ruhig auf, ich verkauf dir
das Dörrobst. Den Rest bekommst du gratis dazu. Bin ein
schlechter Händler, wenn es keine Jahreszeiten gibt.

SILBER Genug. Was hältst du von meiner Idee?

ANDREE Schnaps!

SILBER Was?

ANDREE Ich muss trinken, sonst ertrag ich diese Idee nicht.

SILBER Feige wie früher. Du hast dich nicht verändert, pisst
dich an und glaubst, du wärst ein Held dabei. Tragisch. Ich
verschwende meine Zeit. *Will gehen.*

ANDREE *hält ihn auf*
Schau mich an.

SILBER Ja?

ANDREE Die Haut eines Hais, ja, doch in den Augen die Unschuld eines Goldfischs. Wie willst du mich zu einem
Söldner machen, das glaubt uns keiner.

SILBER Das lass meine Sorge sein.

ANDREE Vielleicht sollte ich die Gläser beim Trinken zerbrechen.

SILBER Ich habe mir alles überlegt.

ANDREE Mit einer Negersprache im Hals die Frauen küssen, die Lippen noch blutig, die Zunge zerschnitten.
Spielt. Weisst du, was ich mit diesen Händen gemacht

habe, bevor sie dir schrieben vom Mond deiner Augen, in dem ich mein Gesicht vergessen will. Sie haben mich begraben, doch ich bin wieder aufgestanden, drum schmeck ich nach Erde.

SILBER Du sprichst und schreibst, was ich dir sag. Ist das klar?

ANDREE Küss mich, und du trägst einen Splitter im Herzen.

SILBER Das wird dich ernüchtern. *Er küsst ihn.* Aufgewacht?

ANDREE Ich...

SILBER Du packst deine Sachen, und wir gehen. Weiss deine Freundin davon?

ANDREE Nein, ich...

SILBER Der Brief?

ANDREE Ich habe ihn ihr vorgelesen.

SILBER Also doch?

ANDREE. Nein, sie glaubt, ich habe erfunden, was ich vorgelesen habe. Sie hält mich für einen Dichter.

SILBER Hab ich hören müssen, ja. Das ändert sich.

ANDREE Was?

SILBER Ab morgen bist du eine Kampfmaschine, die schreibt, kein Lyriker, der sich nicht verkaufen kann. Du musst dich vergessen.

ANDREE Auch ein Söldner könnte schreiben wie ich. Bin ich dir nicht blutig genug.

SILBER Gib mir deine Hand. *Er umfasst mit ihr Andrees Glas und zerbricht es.* So wirst du blutig genug. *Zum Kellner.* Rotwein.

ANDREE Du Schwein. *Lacht.* Tragen wir mich zu Grabe und trinken drauf. ›Sterben ist nicht neu in diesem Leben,

SILBER doch auch leben ist nicht grade neu‹.

ANDREE Ich wusste, dass du das letzte Wort haben musst.

SILBER Lass uns die Geschichte beginnen.

ANDREE Wie hast du gesagt? Ein Morgen wie ein Roman. Und am Ende wird nicht nur die Sonne untergehen. Ja, der Mond. Der Mond geht weiter und ich komm zurück.

SILBER Wir sehen uns am Flughafen. Hier ist dein Ticket, der Wein geht auf deine Rechnung. *Er wischt ihm mit seinem Taschentuch das Blut von den Lippen und geht. In der Tür begegnet ihm Andrees Freundin. Sie kennt ihn nicht und erkennt ihn doch, blickt ihm nach.*

FREUNDIN Silber. *Er blickt sie auf ihren Zuruf hin an, doch verlässt, als wüsste er nicht um sie, wort- und grusslos die Bar. Sie entdeckt Andree in seiner Ecke und geht zu ihm.*

Er hält das Taschentuch noch immer in der Hand und sieht starr zu, wie sich das Blut ins Weiss saugt. Sie ist völlig irritiert und wiederum auch nicht. Es ist ihr so, als hätte sie das alles erwartet. Ein Déjà-Vu. Du gehst?

ANDREE Zigarettenholen. *Er gibt ihr das Taschentuch und geht.*

Bild III
Kargo

Andrees Zimmer. Die Sonne steht mittlerweile an ihrem höchsten Punkt, überflutet das Zimmer wie eine auslaufende Flasche, bis ihr Gold an allen Wänden klebt und der Boden glänzt, als geschehe ein Wunder. Aber dann bleibt es aus, und die Schatten krümmen sich vor Hitze in die Ecken, hoffnungslos einen weiteren Mittag zu überstehen. Selbst die Geschichten sind in ihrer Atemnot aus den Büchern verschwunden. Gleich getrockneten Blumen warten auch sie nur darauf, zu zerfallen in den Gleichmut des Staubs. Nur die Sonne lacht Bogart freundlich böse ins Gesicht und brennt ihm ihre Ringe unter die Augen, die keine Lust mehr haben, länger als eine letzte Zigarettenlänge auszuharren für eine Liebe, die in den Wolken verschwinden und ihm wieder nichts als Asche im Herzen zurücklassen wird. Ein bisschen Wüstensturm für den alten Ventilator an der Decke, der nicht aufhört zu träumen, sich endlich einmal bis in die Sterne zu drehen. So geht alles seinen gewohnten Gang, bis Andree die Tür aus dem Schloss tritt.

ANDREE *zündet sich eine Zigarette an, sucht seine Manuskripte zusammen, packt seine Schreibmaschine ein, holt eine Reisetasche, zögert, wirft alles wieder weg, trinkt.* Tote haben kein Gepäck. *Er blickt in die Sonne, geht dann zum Fenster und schliesst den Vorhang.* So ist es besser. Scheiss Hitze. Wieder alles durchgeschwitzt. Ich ziehe ein frisches Hemd an, meine Haut habe ich ja noch, mein Gesicht ziehe ich aus, meine Stiefel fette ich ein für den Winter *blickt in den Spiegel, lacht* und A. ist im Schnee der Schnee von gestern schon. Hätte mich vielleicht von ihr verabschieden sollen, sie hätt's nicht verstanden, hätt ge-

sagt, ich lüg mir was vor. Hätt sie mich doch in Ruhe gelassen. Das Geschrei, alles vorbei morgen früh. Morgen
früh liege ich in einem anderen Bett und vervielfältige
mich. Einer wie ich, der stirbt nicht aus. Dieser noble
Herr denkt, er hätte mein Leben in seiner parfümierten
Hand und ich fress ihm noch draus. Alle denken sie, sie
hätten mich ihrer Hand. Wird an mir verhungern, während ich fett werde und reich. Soll er sich von einem anderen seinen Arsch ficken lassen. Ich trockne ihn aus, bis
ihm die Lippen springen und er sich mit seinem schönen
Schauspielermund auf keine Bühne mehr traut. Er soll
mich lieben bis er dran verreckt. Wie ich verreckt bin.
Dein Herz zerdrück ich wie das Glas in meiner Hand und
schleck mir das Blut wie Honig von den Fingern. *Er
nimmt das Bogartplakat von der Wand und rollt es ein.*
Warum soll es ihm anders ergehen. Man fängt sich so
manches Fieber hier ein, das warten kann bis es einem die
Leber zerfrisst. *Trinkt die Flasche leer, zerbricht sie an der
Wand, wo das Plakat hing.* Vielleicht will er mir wirklich
nur helfen. Ich kenn mich selbst nicht mehr. Ein frisches
Hemd wäre wirklich nicht schlecht. Wie zieht sich eigentlich so ein Söldner an? Das wird er schon wissen, mein
Freund. *Schaut auf seine Uhr.* Ich komm zu spät, soll er
ruhig noch ein bisschen schwitzen. *Er zündet sich eine
neue Zigarette an.*

*Seine Freundin betritt den Raum, zieht den Vorhang auf,
die Sonne springt zurück ins Zimmer. Sie öffnet das Fenster.*

FREUNDIN Du hast deine Zigaretten vergessen. *Sie wirft sie
ihm auf den Tisch.*

ANDREE Ich hab hier nichts mehr verloren.

FREUNDIN Du gehst?

ANDREE Ich bin heiser. Afrika wächst mir zum Hals heraus.

FREUNDIN Und ich?

ANDREE Ich werd mir mein Hemd mit deinen Tränen waschen. Das reicht, um mich an dich zu erinnern.

FREUNDIN Du bist besoffen.

ANDREE Ja, und ich stinke. *Er wechselt erneut sein Hemd, wirft ihr das alte ins Gesicht.* Stinke nach dir. *Sucht nach einem neuen, frischen Hemd.*

FREUNDIN Denkst du, du kannst mich einfach wegwerfen, nur weils dir hier . . . stinkt?

ANDREE Ja, ich kann dich nicht mehr riechen, kann nichts mehr hier riechen. Kann den Geruch von toten Fischen nicht mehr ertragen.

FREUNDIN *gibt ihm sein Taschentuch zurück.* Dann rotz dich aus, dir nimmt doch nur dein eigener Gestank den Atem.

ANDREE Ich setz lieber dich an die Luft.

FREUNDIN Du bist feige.

ANDREE Ja, aber es ist einfacher, feige zu sein.

FREUNDIN Dir steht das Wasser bis zum Hals.

ANDREE Drum geh ich in die Luft, adieu!

FREUNDIN Ein fliegender Fisch, mir kommen wirklich die
Tränen.

ANDREE Um so besser, dann trockne ich nicht aus. *Er sieht
sie an, küsst ihr die Augen.* Ich kann dich nicht mitnehmen. *Will gehen.*

FREUNDIN *hält ihn fest.*
Bleib, er wird dich zerstören. Es gibt kein Zurück, wenn
du gehst.

ANDREE Was redest du da. Ich komm zu spät.

FREUNDIN Wir sind noch nicht fertig miteinander.

ANDREE Ich versteh dich nicht, es ist alles gesagt.

FREUNDIN Du hast mich angelogen.

ANDREE Ich hab gesagt, ich gehe, und jetzt fahre ich.

FREUNDIN *sie spricht den folgenden Satz wie ein Ritual.*
Schau mir in die Augen.

ANDREE Ich geh jetzt heim, mein lieber, schwarzer Schwan.
Häng dich nicht an meinen Hals.

FREUNDIN Und wenn ich mich ganz dünn mache?

ANDREE Machs mir nicht zu schwer. Es ist schwer genug.

FREUNDIN Schwer? Viel zu leicht ist es dir. Geh!

ANDREE Wie?

FREUNDIN Geh! Du hast keine Jacke an, es ist kalt dort. Es wird dich friern in deinem Hemd.

ANDREE Vier Jahre.

FREUNDIN Du meldest dich?

ANDREE Ja, vermisst.

FREUNDIN Ich werd dich nicht vermissen.

ANDREE Schön, dann bleibt uns etwas Gemeinsames. *Er will sie küssen.*

FREUNDIN *ihn abwehrend, dann lachend.*
Auf Wiedersehn, Andree!

ANDREE *hält inne, wischt sich mit dem Taschentuch den Schweiss ab und drückt es ihr in die Hand.*
Na dann, lebt wohl!

Bild IV
Mammoth-Hotel

Eine Hotelsuite im Nirgendwo, ausgestattet in luxuriöser Beliebigkeit, hier fühlt sich jeder Geschäftsmann zu Hause. Statt dem Mond starren Leuchtreklamen durchs Fenster und tauchen das Zimmer in eine rötliche Nervosität. Man sieht Flugzeuge starten und landen, doch hört sie nicht. Die Realität der Aussenwelt wirkt künstlich, das Innen steril und kalt, es langweilt. Eine aufdringliche Sauberkeit beherrscht den Raum, nur die Reklametafel des Pay-TV verspricht ein wenig schmutzige Welt aus der Dose, eine vorgetäuschte Sinnlichkeit, die man ein- und abschalten kann. Statt der Minibar gibt es eine kleine Bar, und selbst die Klimaanlage funktioniert prächtig, man friert. Der Ventilator ist dem Ambiente geschuldet, er verweist auf eine Hitze, die vielleicht im Draussen liegt oder in den rauchenden Köpfen. Das einzige Bild des Raumes zeigt ein Liebespaar, sehr anständig. Ein schwarzer Hoteljunge öffnet Silber und Andree die Tür, trägt die beiden lächerlichen Reisetaschen ins Zimmer. Auf dem Tisch steht eine Flasche Champagner zum Empfang.

SILBER *gibt dem Hoteljungen, bevor er die Suite wieder verlässt, ein Trinkgeld.*
Danke!

ANDREE Sieht aus wie in 'ner Kaserne hier, das trifft sich ja gut. *Blickt auf das Bild.* Und Mädels gibts auch.

SILBER Du stinkst, dass es einem schlecht werden könnte.

ANDREE Ich hätte gedacht, wir sind hier in Wallensteins Lager, aber du stehst wohl eher auf Wall Street. Was solls, kann ich auch. Lass uns übers Geschäft reden, Partner. Ein Drink? Eis?

SILBER Mir scheint, ich bin an den Falschen geraten.

ANDREE Das wird sich zeigen.

SILBER Na gut, fangen wir an.

ANDREE Hast du 'ne Knarre?

SILBER Wozu?

ANDREE Dafür hats wohl nicht mehr gereicht, oder? Luxus-Suite, aber Kinderpistole. *Ahmt mit seiner Hand eine Pistole nach.* Peng, Peng, jetzt bist du tot.

SILBER In welchem Film bist du?

ANDREE Denkst du, ich laufe ohne Waffe herum, ich soll doch gefährlich sein und nicht nur wie 'n abgehalfterter Kneipendeklamator vom Krieg erzählen. Die Angst ist ein Teil meines Kapitals, hast du gesagt. Da genügt es nicht, sich die Stirn aufzuschlitzen, wenn sie mich nach meiner Biographie fragen. Die musst du sehen und spüren, wenn du die Hand auf die Beule über meinem Dichterherzen legst. Komm mir bloss nicht mit so einem Schwachsinn wie: Das Wort ist deine Waffe. *Ahmt erneut einen Wildwesthelden nach.*

SILBER Du schiesst zu schnell, mein Freund.

ANDREE Ein Schauspieler, mein Chef. Völlig unbewaffnet. Na dann Prost!

SILBER Wir werden schon noch eine Zielscheibe für dich finden. Zuerst das Gehen.

ANDREE Wie bitte?

SILBER Du gehst wie ein besoffenes Kamel.

ANDREE Ja, lass uns was trinken.

SILBER Bei jeder Stufe bleibt dir gleich die Luft weg.

ANDREE Ist ja auch anstrengend, das ewige Treppensteigen.

SILBER Ein altes Weib keucht weniger.

ANDREE Gut, bitte, zeig mir, wie man geht. Auftritt Wallenstein.

Silber führt es ihm vor.

ANDREE Gut, *Andree ahmt ihn nach, versucht, seine Bewegungsabläufe zu kopieren, doch gerät schnell ausser Atem.* Und wie hustet man mit einer zerschossenen Lunge?

SILBER Am Krückstock. *Er wiederholt seine Anweisungen, spielt ihm vor.* Du musst fest auftreten, bist entschlossen, denk dir, der Fussboden ist zu weich für deine Schritte, roten Teppich bist du nicht gewöhnt. Wir schauen uns nachher ein Video über die Fremdenlegion an, dann siehst du, welche Märsche die jeden Tag zurücklegen müssen, um fit zu bleiben. So etwas vergisst man nicht, wenn man wieder auf freien Füssen steht. Ich will das sehen und spüren, wenn du gehst. Wir müssen dir Stiefel kaufen. Es ist Krieg, verstehst du?

ANDREE Ja, ich krieg gleich zuviel.

SILBER Geh, wie ich es dir vormache.

ANDREE War das jetzt in Ordnung so? Na, Angst bekommen?

SILBER Schon besser, aber fang nicht wieder zu husten an.

ANDREE Zu Befehl!

SILBER Noch mal. *Andree wiederholt seinen Gang.* Ich hab dir doch gesagt, du sollst aufrecht gehen, du hängst doch nicht am Tresen. Nein, nicht so steif, klar und entschlossen. Stop, so geht das nicht, schau mich an. Klar so? Durch dein Rückgrat muss man ein Senkblei fallen lassen können.

ANDREE Mir kommts schon zum Arsch hinaus.

SILBER Dein Körper gehorcht dir wie eine Maschine.

ANDREE Sag ich doch.

SILBER Wie selbstverständlich, du brauchst ihn zum Überleben, er ist deine Waffe. Was machst du da mit deinen Händen. Du sollst dir nicht die Eier kraulen beim Gehen. Ich machs dir noch mal vor, pass auf.

ANDREE Lass mich das selbst finden, du machst mich ganz zu.

SILBER Dann geh raus und komm wieder, wenn dus gefunden hast.

ANDREE Zählt hier eigentlich nur, was du sagst?

SILBER Ja. Los, noch mal. Fürs erste geht das schon zur Not. Gut, probieren wir das Stehen. Wie steht er, warte.

ANDREE Er steht ganz gut, hat sich noch keine beschwert, bin eben 'n kräftiger Junge.

SILBER Lass den Unsinn, mich interessiert dein Schlappschwanz nicht. Warte mal, du musst so stehen, dass man auf dich schaut. Denk situativ, versuch eine natürliche Autorität zu entwickeln. Ich will Rasiermesser unter deinen Achseln spürn. Alles an dir muss schneidend sein, man muss, wenn man zu nah kommt, Angst haben, sich an dir zu verletzen.

ANDREE Na dann komm mir bloss nicht zu nah, Messer Schere Licht sind für kleine Kinder nicht.

SILBER Geh durchs Zimmer, bleib stehn und zünd dir eine Zigarette an. Ich korrigier dich dann.

ANDREE *ironisch*
Ja, das ist gut, Rauchen macht kaltblütig. *Andree geht durchs Zimmer, stellt sich in Positur und faltet die Arme über der Brust, dann sucht er seine Zigaretten.* Hast du Feuer?

SILBER Das ist unmöglich, viel zu gewöhnlich. Du siehst aus wie ein Friseur, der seine Schliessmuskeln zeigen will, rauchst wie 'ne SA-Tunte. Verabschiede dich endlich einmal von den miesen Filmen, die du dir dort unten immer reingezogen hast.

ANDREE Bin eben kein Naturtalent. So wie du verdammt noch mal kein Regisseur bist. Die andern glauben doch eh nur das, was sie aus der Glotze kennen. So läufts doch. Das geht mir allmählich ziemlich auf die Nerven, ich hätte gedacht, ich soll hier den wilden Mann geben und nicht Julius Cäsar, mein lieber Brutus. Was soll das ganze Affentheater. Leck mich doch am Arsch, wenns dir nicht gut genug ist. Am gefährlichsten bin ich, wenn ich ich selbst bin, das weisst du doch am besten. *Er wirft sich in den Sessel, trinkt.*

SILBER Klar, Schwarzenegger ist ein Sesselfurzer gegen dich. Sitzt du gut?

ANDREE Ja, fest im Sattel, fehlt nur noch was zum Reiten.

SILBER Das Sitzen ist beinahe das Schwerste.

ANDREE Ich hab eher den Eindruck, du stehst auf der Leitung.

SILBER Schlag die Beine nicht übereinander, mach sie breiter.

ANDREE So hab ich das nicht gemeint. *Trinkt jetzt aus der Flasche.*

SILBER Du musst männlicher sein.

ANDREE Jetzt geh bloss nicht auf die Knie vor mir.

SILBER *Zu sich* Ganz ruhig bleiben jetzt. *Setzt sich ihm gegenüber und demonstriert ihm, was er sagt.* Setz dich einfach aufrecht hin und konzentriere dich erst einmal nur darauf, während du sprichst, dein Gewicht jeweils von der linken auf die rechte Arschbacke zu verlagern, das ist alles, was du tun musst, mehr nicht.

ANDREE Mach ich. *Er furzt in den Sessel oder tut zumindest so.* Gut so? *Hat die Whiskeyflasche fast geleert.*

SILBER Hör zu, ich habe keine Lust, meine Zeit mit einem Dilettanten zu verschwenden. Denkst du, ich bin bis aus Europa hierher geflogen, um mit dir Katz und Maus zu spielen. Du hast meinen Brief gelesen. Es ist allein deine Entscheidung, entweder du machst mit, und wir arbeiten hier zusammen, oder du lässt es sein, dann lass es uns besser sofort beenden. Du kriechst zu deiner Freundin unter die Decke zurück, lamentierst ein wenig und dichtest weiter deinen Ventilator an. Aber schreib mir dann keine verzweifelten Briefe mehr und fleh mich an, dich aus deiner Scheisse zu holen, mir was auszudenken für dich. Meine Idee war gut, du weisst es, aber wahrscheinlich hast du deinen Verstand mittlerweile schon völlig versoffen. Du bist ein Waschlappen geworden, wo ist dein altes Aufbegehren. Ich hatte deine Radikalität bewundert, als du gingst, alles aufgegeben hattest. Du hättest das Zeug zu einem Terroristen gehabt, die nötige Romantik und Unbedingtheit, den Hass. Ich habe ihn beneidet, deinen Hass, seine Kraft. Wie du angerannt bist gegen die Verlogenheit. Hättest du nicht den Dichter in dir entdeckt, wärst du ein echter Kämpfer geworden. Das hat mich bestärkt in meinem Plan. Der kämpfende Dichter entlarvt das System und offenbart sein wahres Gesicht. Aber jetzt hast du es dir selbst gemütlich gemacht in deiner Verzweiflung. Warum bist du überhaupt mit mir gekommen? Aber wozu soviel Wind um dich machen, ich träum von vergangenen Zeiten. Nur schade um ihre schockierten Fressen, ich hätte sie zu gern gesehen. Stell dir einmal diesen Skandal vor. Aber was solls, perdu. Wann geht die nächste Maschine? *Er geht zum Telefon, will die Rezeption anrufen.*

ANDREE Nein, ich flieg nicht zurück, bin 'n bisschen besoffen, das ist alles. Verzeih. Lass uns später weitermachen. Dass kann doch nicht so schwer sein. Ich krieg das schon hin, glaub mir. Ich nehm erstmal ne kalte Dusche, dann essen wir was und fangen von vorne an. Einverstanden? Der alte Andree ist tot. Und ihn zu begraben, nicht ihn zu preisen, kam ich her.

SILBER Doch das Böse, das der Mensch tut, überlebt ihn. Das Gute wird mit ihm zumeist verscharrt.

ANDREE Sei's so, ich geh duschen. *Will abgehen.*

SILBER Du bleibst schön hier, jetzt geht es erst richtig los, nach der Kür die Pflicht. Ich zeig dir jetzt ein Video mit dem Training, das du täglich absolvieren musst, bis wir dich auf die schöne Gesellschaft loslassen. Bellen reicht nicht, du musst auch zu beissen lernen.

ANDREE Ich bin doch dein Schosshündchen, Silber. Das reicht völlig.

SILBER Halt die Schnauze und präg dir die Übungen ein. *Silber legt ein Video mit den Brüll- und Kampfexerzitien einer Einzelkämpfertruppe ein. Man sieht Söldner, die von einem schreienden Ausbilder geschunden werden.*

ANDREE Willst du jetzt auch noch meinen Turnvater spielen. Komm, wir gehen lieber ins Bett und üben mit unseren Leibern, wie man eine Stellung hält.

SILBER Auf den Boden, los. *Silber übernimmt den Kommandoton des Ausbilders und brüllt synchron mit ihm dessen Befehle.*

ANDREE Du hast doch einen Schuss. So nicht mit mir, Silber, nicht in diesem Ton, nicht diese faschistische Scheisse.

SILBER *schlägt ihn, wirft ihn auf den Boden.*
Auf die Knie, du Schwein.

ANDREE Das turnt dich wohl an, bis wohl geil auf kleine Jungs in Uniformen, die dir ihren Arsch entgegenstrekken. Nicht mit mir.

SILBER Schnauze. *Er wirft ihn erneut zu Boden, zieht plötzlich ein Kampfmesser und hält es ihm auf die Brust.* Mach, was ich dir sage, hier hat der Spass ein Ende. Los!

ANDREE Du spinnst, Schluss! *Andree will ihm das Messer aus der Hand schlagen, verletzt sich in dem Handgemenge und Silber zieht ihm einen Schnitt über die Brust.* Scheisse, ich blute. Du Schwein hättest mich fast abgestochen. Scheisse, schau doch, wie ich blute.

SILBER Das gibt eine schöne Wunde. Du musst Salz drauf streuen. Im Bad ist ein Verbandskasten.

ANDREE Ich bring dich um. *Ab.*

SILBER *telefoniert*
Hallo, hören Sie, es bleibt dabei. Ich schicke Ihnen den Mann morgen. Zwei Wochen, ja. Nehmen Sie ihn sich richtig vor. Er soll das ganze Training mitmachen, schonen Sie ihn nicht. Nein, ich glaube nicht, dass er wirklich mit einer Waffe umgehen kann, aber das ist ja Ihr Job. Ja, ich gebe ihm das Geld mit. Wie kommt er zum Camp? Einer ihrer Leute holt ihn ab. Wo? In Ordnung, morgen um zwei Uhr ist er dort. Danke, bye. *Lacht.* Wer nicht hören will, muss fühlen.

ANDREE *kommt aus dem Bad.*
  Ich sollte dich mit deinem Messer in den Arsch ficken. *Er zieht sich an, Silber schweigt, reagiert nicht.* Der Kampf hat begonnen. Was ist los, worauf warten wir: Auf in die Schlacht!

SILBER *mit einem Glas Champagner in der Hand.*
  Der kann warten, ich hatte da eine neue Idee. Ich erzähl sie dir beim Essen, komm.

ANDREE Na gut, *lacht* dann: Auf zur Henkersmahlzeit!

SILBER Du stinkst noch immer.

  Beide ab.

Bild V
Soiree (Mäzenatenparty)

In der Villa der Mäzenatin. Ein grosses stahlverchromtes Atelier über den Dächern der Stadt. Durch eine Glaskuppel fällt das Mondlicht fahl auf die Gesichter der Partygäste und die Büste der Mäzenatin, die den Saal dominiert. Die Türen zur Terrasse sind weit geöffnet. Ein leichter Abendwind durchzieht den Raum, streicht seine Kühle über die erhitzte Nacktheit der ausgestellten Häute und verliert sich in luftigen Stoffen. Doch Bilder schreien mit ihren Farben gegen die Kälte des Stahls, die aufdringlichen Augen der Scheinwerfer, niemand interessiert sich für sie, nur die Flugzeuge nehmen ihre Zeichen auf und übermalen die Nacht damit auf ihrem Weg. Auf einer Galerie, die den Saal umläuft, thront Silber an einem Designerpult und rezitiert die Gedichte Broms, so heisst Andree nun. (Broms Gedichte: Töten ist mein Geschäft, / verstehst Du, Schätzchen, / es gibt nun mal Menschen, / deren Wert steigt / mit 'ner Kugel im Bauch. / Du solltest sie sehen, Liebste, / dieses Glück in den Augen / im letzten Moment / die Hose krachend voll / wie sie abstinken / selig geradewegs in den Himmel. / Verstehst du, Liebste? //; Wir sind Gefangene // Knüpft die Regenfäden fester / zwischen Himmel und Erde. / Schweisst die Tropengitter / vor das Sonnengesicht. / Wer morgen noch lebt, / liebt die Nacht und den Regen. / Wer morgen noch lebt, / liebt den Rausch und den Tod. / Gefangene sind wir und / Gitter um uns aus Bajonetten. / Es zischt, wenn sie die Trommel, / die Trommel der Haut zerstechen. / Wir lieben die Tiefe, / die Tiefe der Wunden. / Eine zärtliche Linie aus blutigem Darm. / Eine Flasche Absinth für die Nacht. / Wer heute noch lebt, / liebt den Rausch und den Tod. //; Im Dschungel der Städte / tanzt ein besoffener Regen / und das Schiff meiner Sehnsucht /

verrotet in den Bordellen / Alle Huren kennen schon /
meine Narbenhände mit der Gier / nach reinem Fleisch.
Am Ende / der Strasse seh ich dein Bild, / mein Messer in
deinem Gesicht. / Am Ende der Strasse / bleibt jeder allein.
//; Wenn die Malvenknospe springt, / knallt im Kraal die
Handgranate. / Kinder wälzen sich im Sand, / hinge-
krümmt zur Feuerblume, / und die Neger denken noch /
wer wird unsere Weiber besteigen / wer aus unseren Näp-
fen essen / dann kommt für sie der lange Schlaf / und die
Frauen bringen uns / die Näpfe ihrer Leiber bis zum Morgen, / der sie füllt mit ihrem Blut. //; Ich bin durch die Tore
der Trauer gegangen, / bis ich deine Lippen fand. / Ich kam
aus einem kalten Himmel über dich / mit Nebel in den
Händen. / Nur dein Schweigen fing mich auf / Und dein
Lächeln löschte die Erinnerung. / Nun seh ich dich an und
seh, / was ich liebe: / Unter den welkenden Sternen / steht
dein Schatten an der Wand, / deine Augen Mondzisternen,
deiner Brüste weiche Seide. / Nimm das Tuch von deinen
Lenden, / gib dein Haar den Winden preis. / Verbirg mich
in deinem Schoß, / noch einmal für immer Liebste, / nimm
von mir die Angst und den Blutgeruch des Krieges. / Wenn
ich dann gehen und sterben muss, / wirst du das Schwarz
vor meinen Augen sein. //; Ich bin kein Freund von mir /
und will zu dir nicht freundlich sein. / Erschöpf dich nicht
mit Zärtlichkeit, / Deinen Namen muss ich nicht wissen. /
Die ich vor dir kannte, sind tot, / Das macht mir das Vergessen leicht. / Doch streng dich an, weil ich nicht wieder-
komm. / Der Tod ist kalt, und ich will Wärme. / Solang
mein Sold reicht, schlafe ich bei dir. / Du musst nicht reden,
der Krieg ist laut genug. / Es genügt, daß du jetzt für mich
schön bist. / Für den Rest sorgen die Sieger.//) Unter ihm,
um ein ausladendes Büfett gruppiert, atmet die Gesellschaft seine Stimme, während ihre Blicke Brom gelten, der,
die Beine auf dem Tisch, eine Sonnenbrille über den Augen, in einer Ecke sitzt und sich langweilt, raucht, die

Frauen beobachtet, müde lächelt, sie mit einladenden Ge-
sten zu sich zu locken sucht und dabei Hummerschwänze
aufbricht, um dann provozierend obszön ihr Fleisch aus
dem Panzer zu schlürfen. Silber merkt, wie sich die Auf-
merksamkeit immer mehr zu Brom hin verlagert, und ver-
sucht sie durch dramatische Gesten und Stimmführung zu-
rückzugewinnen, es ist ein Kampf zwischen ihnen. Als
Brom zur Terrasse will, hört Silber zu lesen auf, nimmt den
enthusiastischen Applaus entgegen und weist auf Brom,
der sich den Saft von den Fingern schleckt, bevor er die
Glückwünsche entgegennimmt.

MÄZENATIN Einen Schluck Champagner, Herr Brom? Der
Hummer ist vorzüglich, nicht wahr.

SILBER *zur Mäzenatin*
Es freut mich, dass die Lesung Ihren Beifall gefunden hat
und Sie den Texten Broms ein solch einzigartiges Forum
zur Verfügung gestellt haben. *Zu Brom*: Frau M. ist nicht
nur eine bestechende Gastgeberin, sondern auch eine cou-
ragierte Förderin junger Kunst und Literatur, die ihres-
gleichen sucht. Sie wären nicht der Erste, dem ihre tat-
und, wenn ich das hinzufügen darf, finanzkräftige Unterstützung zum Durchbruch verhilft.

MÄZENATIN Übertreiben Sie nicht, Silber, ich bin lediglich
ein Spekulant, der sich auch um den Kurswert vielverspre-
chender Talente bemüht. Herr Brom ist eine Obligation
auf die Zukunft, ein literarisches Future, wenn Sie so wollen. Und in diesem Geschäft kenne ich mich aus. Wer meinen Beifall verdient, verdient nicht allein daran. Der Profit
ist meine Poesie, denn er ermöglicht sie. Doch das Dich-
ten sollte ich doch wohl besser Ihnen überlassen. Sie haben übrigens vorzüglich gelesen, Silber, Herr Brom kann
Ihnen dankbar sein, das war Gold wert.

EMILIE Stimmt es, dass Sie Söldner waren?

BROM *bricht Hummerschwänze*
Ich bin es noch. Fragen Sie Ihre – Freundin.

MÄZENATIN Er ist mein Kampfhund, Schatz. Vorsicht bissiger Dichter! Sie verzeihen den Scherz. Waren Sie in Bosnien? Ich habe mich sehr für eine differenzierte Sicht der Dinge eingesetzt. Wie schätzen Sie die Lage ein?

Brom bricht Hummerschwänze, schleckt sich die Finger und lacht.

MÜLLER-SCHUPPEN Ich werde ein Portrait über Sie schreiben: Ein Dichter kälter als der Tod. Wann hätten Sie Zeit für ein Interview? Das wird die Sensation des Jahres: Ehemaliger Legionär stürmt die Bühne. ›Die Worte sind meine Waffen jetzt‹. Schicken Sie mir Ihre Manuskripte, und Sie sind ein gemachter Mann.

JUNGER MANN Diese authentische Kraft Ihrer Verse ist einzigartig in der zeitgenössischen Lyrik. Ein Schlachtfest der Grausamkeit voll blutender Poesie und verzweifelter Liebe. Man könnte meinen, Artaud hätte ihm die Zunge geführt. Ja, das ist vielleicht gar nicht so abwegig, ich habe neulich gelesen, dass die Soldaten im Jugoslawienkrieg jeden Tag Rauschgiftrationen bekommen haben, um ihren Kampfeswillen zu stärken und ihre Aggressivität zu steigern.

HANNA, DIE SCHAUSPIELERIN Sie machen mir angst.

INTENDANT Wieviel Menschen haben Sie schon umgebracht?

GIL MATTIS War nicht auch Shakespeare ein Mörder, muss nicht jeder grosse Künstler ein Mörder sein?

MÜLLER-SCHUPPEN Nehmen Sie mir nicht meine Kritik vorweg, mein Freund, Herr Brom spricht exklusiv mit mir. Wir müssen Sie in Sebrenica photographieren lassen.

BROM Afrika, ich war in Afrika, wo diese Neger rumhüpfen wie Schiessbudengestalten. Du solltest mich eher in einem Asylantenheim photographieren lassen, wie ich einem dieser stinkenden Schweine das Genick breche. *Er versucht es zunächst an einem Hummerschwanz zu demonstrieren, nimmt jedoch dann plötzlich den Kopf des jungen Mannes in die Arme.* Das ist der Ton meiner Verse, wenn du es knacken hörst. Habt ihr nicht noch mehr von diesen Hummerschwänzen, oder muss ich diesem Schlappschwanz die Hosen aufknöpfen, um etwas zwischen die Zähne zu bekommen.

HANNA Sie Tier!

BROM Ja, mit dir liess es sich viehisch ficken, besuch mich. *Er nimmt ihren Arm und schreibt seine Telefonnummer darauf.*

MÜLLER-SCHUPPEN Genial!

GIL MATTIS Sie revolutionieren wirklich, wenn ich das einmal so salopp formulieren darf, den Autorenbegriff unserer Zeit. Diese Einheit von Werk und Person ist atemberaubend. N'est-ce pas?

JUNGER MANN Er hätte mich fast umgebracht.

EMILIE Sie haben mich zu Tode erschreckt!

INTENDANT Sie haben doch nach Authentizität geschrien, hier haben Sie sie.

MÜLLER-SCHUPPEN Wenn das keine Körpersprache ist! Grossartig!

GIL MATTIS Man wird, glauben Sie mir, seine Lyrik in den Polizeiberichten lesen. Die Verse eines Verbrechers, wie originell.

INTENDANT Da redet alle Welt von serieller Kunst, und wir haben hier einen Serial Killer, der uns seine Herzens- und Samenergüsse zum Besten gibt.

MÜLLER-SCHUPPEN Man muss diesen Künstler einfach fördern.

SILBER Ich habe ihn in einer dubiosen Bar nahe dem Bahnhof kennengelernt, er hat seine Gedichte den Prostituierten vorgelesen.

INTENDANT Aber Silber, was machen Sie dort.

SILBER Junge Talente entdecken, das sehen Sie doch. Ich habe eine Rolle vorbereitet.

HANNA Wie mich das alles anwidert.

BROM Wo bleibt der Champagner? Wir brauchen doch was zum Stossen, wir beide.

MÜLLER-SCHUPPEN Voilà!

MATTIS Die Kunst entspringt dem Geist der Rebellion.

MÜLLER-SCHUPPEN Sie sagen es, mein lieber Mattis. Ich kann Ihnen gar nicht sagen, wie gelangweilt ich bin von dieser antiseptischen Kopflyrik, die in ihrer unendlichen Selbstbespiegelung völlig die Welt aus dem Blick verliert. Herrn Broms Verse sind dagegen von einer geradezu befreienden Authentizität, von einem radikalen Angriff auf die trägen Übereinkünfte unserer Gesellschaft.

MATTIS Als wäre Rimbaud aus der jemenitischen Wüste zurückgekehrt.

BROM Ja, die Wüste lebt in deinem Hirn, viel Treibsand, doch kein Gedanke. Lasst mich mit der Kleinen allein, sie hat noch nicht genug von meiner Poesie. Ich will ihr einen tieferen Einblick in mein Werk geben. *Er reisst sich das Hemd auf, man sieht eine grosse Narbe, die quer über seine Brust läuft.* Das ist meine stärkste Zeile.

Hanna will wegrennen, Brom hält sie.

INTENDANT Wo haben Sie diese schreckliche Narbe her, wie ist das passiert.

BROM So 'ne schwarze Sau wollt mich von meiner Seele befreien. Sein Schwanz hätt dir gefallen, die Köter hatten ihren Spass mit ihm, wie du ihn haben kannst mit mir. Besuch mich doch mal, und wir können uns über Einschusslöcher unterhalten und unsere Poesiealben tauschen.

INTENDANT Wie kann jemand mit einem solch vulgären Habitus nur solche Verse schreiben.

HANNA So sehr Sie mich abstossen, so angezogen bin ich doch von Ihren Texten.

BROM Dann zieh dich doch aus, und wir lösen den Konflikt.

MÄZENATIN Ich sehe, Sie amüsieren sich.

BROM Zu Tode, ja, wollen Sie mir nicht Ihre reizende Gespielin vorstellen.

INTENDANT Genial.

MATTIS Dämonisch und doch geschmackvoll.

MÜLLER-SCHUPPEN Einfach himmlisch.

MATTIS Aber wir wollen Sie, Verehrteste, nicht weiter stören. Dieser Mann ist Ihr Kapital.

EMILIE Herr Brom, Ihre Gedichte haben sehr stark auf mich gewirkt.

MÄZENATIN Sie hat auch lang genug überlegt, welches Abendkleid wohl am besten mit Ihnen harmonieren würde.

BROM Das Dekolleté.

SILBER Du solltest dich etwas zurückhalten, unsere Gastgeberin beabsichtigt, deine Arbeit zu fördern.

MÄZENATIN Ja, ich spiele mit dem Gedanken, die Druckkosten für einen Band zu übernehmen.

BROM Feindliche Übernahme nennt man so etwas doch in Ihrem Geschäft, wenn ich mich nicht täusche. Sie sind nach meinem Geschmack. Sie sind ein ebenso korruptes Schwein wie ich, das schätze ich an Ihnen. Ihre weissen

Hemden gefallen mir. Weisse Hemden könnte ich brauchen.

MÄZENATIN Sie machen sich nichts aus dem Verlagsgeschäft?

BROM Aber weich müssen sie sein. Weiss und weich wie die Arme Ihrer Geliebten.

EMILIE Trinken Sie doch nicht so viel, Herr Brom, sie reden sich noch um Ihr Glück.

MÄZENATIN Lass nur, Emilie. Er feilt an seinem Produktprofil, nichts weiter. Er wird sich glänzend verkaufen.

BROM Verkauft sie dich auch.

EMILIE Sie können natürlich trinken, so viel sie wollen. Ich wollte Sie nur bitten.

MÄZENATIN Er ist auch im Trinken vielversprechend. Ich hole Ihnen noch ein Glas, wenn Sie mir nicht gleich Emilie aus dem Serail entführen in Ihrem Übermut.

BROM *halb der Mäzenatin hinterher, halb zu Emilie*
Eine Flasche! Oder will sie, dass ich dir den Nektar aus deinen kleinen, weissen Brüsten sauge.

EMILIE Herr Brom, Sie wissen ja gar nicht mehr, was Sie sagen.

BROM Willst du nicht etwas auf dem Klavier spielen für mich?

EMILIE Aber doch nicht vor all den Menschen.

Brom greift Emilie zwischen die Beine.

MÄZENATIN *hat Szene stumm beobachtet*
Brom, ich glaube, Sie gehen jetzt besser nach Hause.

DIENER Ihre Garderobe, mein Herr.

BROM Und meine Hemden?

Bild VI
Dunkelkammer

Broms Kammer über den Dächern der Stadt. Auf dem Boden zwei grosse Matratzen, akribisch bezogen mit frischen Leintüchern, die der Mond weisswäscht mit seinem vollen Licht. Sonst ist das Zimmer ziemlich schäbig, die Wände feucht, kein Bild stört sie in ihrer stillen Tristesse. Vor dem Fenster steht ein Tapeziertisch als Schreibplatte, er ist übersät mit weissen Blättern, auf denen immer nur ein Satz steht. Drei Bücher, ein Bündel Glühbirnen an der Decke, in einer Ecke ein ungeöffneter Koffer, neben dem Bett eine Polaroidkamera. Im Bett liegen Brom und Emilie. Es ist noch Nacht.

EMILIE Was hab' ich getan. Mir ist ganz schlecht.

BROM Kotz mir bloss nicht ins Bett.

EMILIE Ich weiss nicht, Herr Brom, wie konnte das passieren, ich...

BROM Hol' mir lieber meine Zigaretten, bevor du hier einen Moralischen bekommst und mir mein Laken vollsabberst mit deinen Schuldgefühlen.

EMILIE Es ging alles so schnell, der Champagner, Ihre Gedichte...

BROM Die Zigaretten, was ist!

EMILIE Yvonne.

BROM Ist an allem schuld, ruf sie doch an: Mein Schatz, Herr Brom hat mir seinen Stabreim erklärt. Rhythmisch sind seine Gedichte wirklich sehr tragend, vor allem das Wechselspiel zwischen Hebungen und Senkungen. Die langen Vokale, zum Schreien gut!

EMILIE Sie sind ein Schuft, so brutal. Was soll ich ihr denn sagen? Lieben Sie mich denn gar nicht mehr?

BROM Wasch dich lieber und

EMILIE Wenn sie erfährt, dass ich bei Ihnen war?

BROM Bezieh die Betten frisch, bevor du gehst, sonst stört sich die Nächste an deinem Geruch, und das willst du doch nicht *lacht* verantworten.

EMILIE Brom, bedeut ich Ihnen denn gar nichts, ich bin so verzweifelt, halt mich fest.

BROM Und hältst du mich fest, halt ich dich zum Narren. Ich hasse Klammeräffchen, mein Schatz. Kaum sitzen sie einmal auf dem Stamm, dann haben sie schon wieder Angst, in die Scheisse zu fallen, und bekommen einen feuchten Arsch.

EMILIE Soll ich aufstehen?

BROM Bleib, es regnet. Mir ist so einsam, wenn es regnet.

EMILIE Soll ich nicht das Fenster kurz öffnen?

BROM Nein, mir reichen deine kalten Tränen auf meiner Haut. Die Regentropfen deiner tiefen, blauen Augen, in denen der Himmel seine Sintflut spielt. Ich liebe es, wenn du weinst und ich, wenn ich dir ins Gesicht spucke, sehen kann, wie das Wasser steigt.

EMILIE Dass du so zärtlich und doch so gemein sein kannst!

BROM ›Weiß und reingewaschen von der Sintflut, läßt Baal seine Gedanken fliegen, gleich wie Tauben über das schwarze Gewässer.‹ Komm, lass mich noch ein wenig schwimmen in deiner Arche, das rettet mich. Öffne die Tore, mein Noah, da ist ein Tier, das kennst du nicht.

EMILIE Ich geh, ich kann so nicht. Sie sind ein Schwein!

BROM Natürlich. Ich kann immer, meine Geliebte. Wohin gehst du? *Er gibt ihr ihre Unterwäsche, sucht Zigaretten.* Zur nächsten Brücke?

EMILIE Heim.

BROM Eine störrische Katze, ich spür alle Knochen einzeln. Komm kratz mich noch ein wenig und treib mir deine Krallen ins Fleisch. Du willst mich doch bestrafen: Küss mich, dann lieb ich dich.

EMILIE Liebe? Du weißt doch nicht, was Liebe ist. Sag's mir doch: Ich liebe dich. Das bringst du doch nicht über die Lippen.

BROM Ich bring ganz andere Dinge über die Lippen. Aber ich habe es satt, mit Ihnen zu sprechen.

EMILIE Und was war das dann heute nacht?

BROM Eben.

EMILIE Wie?

BROM Red nicht so viel, komm!

EMILIE Ich geh, wenn du mir nicht sagst, was du für mich empfindest.

BROM Ich finde, du bist zu empfindlich, und mir ist kalt, und du bist warm.

EMILIE Brom, sag es! *Sie öffnet das Fenster.*

BROM Warum wollt ihr immer nur das eine.

EMILIE Ich geh, mich siehst du nie wieder!

BROM Ja, hau nur ab und lass mich hier erfrieren. Ihr rührt ja keinen Finger für einen. Lauft herum wie angebohrte Segelschiffe in euren nassen Höschen, aber rührt keinen Finger für einen. Mach das Fenster zu, vielleicht wärmt mich dein Gestank noch ein wenig. Bekomme ich keinen Abschiedskuss, mein Liebchen. Es regnet.

Emilie geht, wirft die Tür zu.

BROM Ich liebe dich doch. Sie hat sich nicht gewaschen. Ihre Yvonne wird es riechen. Soll sie ruhig verschnupft sein, ich leih ihr mein Taschentuch. Er geht zum Fenster, reisst es ganz auf. Da läuft sie hin! Er photographiert ihr nach.

Bild VII
3. Etage / Das Intendantenzimmer

Ein grossräumiges Büro, ein Zimmer mit Aussicht auf die
Behörden der Macht, die aus ihren von der aufdringlichen
Morgensonne geschliffenen Glaskuppeln dem Intendanten
über die Schulter schauen bei seiner Arbeit. Er wirkt ner-
vös, blickt sich immer wieder um, fühlt sich verfolgt von
den grossbrüderlichen Kontaktlinsen in seinem Rücken,
die herübergrinsen im Blau des immerblauen Himmels,
der mit den Schäfchenwolken seine Zähne putzt und gähnt
mit Wind – was interessiert den Himmel denn ein Inten-
dant. Er wird ihm Regen schenken, wenn er den Wolken-
schaum aus seinem Mund spült und Brom endlich das Zim-
mer betritt, auf den sie warten, der Intendant und Silber,
warten, ob er kommt. Alle warten sie: Ungeduldig erträgt
der Schreibtisch Berge von Papier, ungeduldig verkühlt
sich der Kaffee in den Tassen, ungeduldig versteinern die
Büsten der Dramatiker vor altbekannter Langeweile und
starren auf Plakate, die ihnen das Leben schwermachen
mit Erinnerung. Alles im Raum wartet auf die grosse, er-
lösende Metamorphose, doch sie lässt auf sich warten, auf
sich warten wie Brom und der Regen.

INTENDANT Dies ist ein Theater und keine Leihbibliothek,
ich habe meine Zeit nicht zu verschenken, Silber, das wissen
Sie. Aber wenn ich recht gelesen habe, *er zeigt auf die lokale*
Boulevardzeitung, die in ihren Titelzeilen gross aufmacht
mit Broms Skandal bei der Mäzenatenparty liebt Ihr Freund
ja die Provokation. Soll er, solange er mir nicht meine Zeit
stiehlt. Es gibt Leute, die man besser nicht warten lässt, sonst
könnt Ihr Euer Theater auf der Strasse spielen.

SILBER Er wird kommen, es sieht nach Regen aus.

INTENDANT Wollen Sie mich auf den Arm nehmen, Silber. Fangen Sie jetzt nicht auch noch an mit dieser elenden Poetisiererei. Ich leite hier keine Experimentalbühne, hier geht es um Millionen. Die schmeisst man nicht zum Fenster hinaus, denken Sie an den Steuerzahler, ich habe den Rechnungshof eh schon im Rücken.

SILBER Haben Sie das Stück gelesen?

INTENDANT Quer. Das reicht bei meiner Erfahrung. Sie wissen, ich war selbst Dramaturg. Ich habe ein Händchen für neue Stücke.

SILBER Einen Riecher.

INTENDANT Wie bitte?

SILBER Einen Riecher, so schnell Sie es wieder aus der Hand gelegt haben. Mich hat der Text gefesselt.

INTENDANT Lassen Sie das, Silber. Sie können von mir nicht erwarten, dass ich für Herrn Brom mein Theater schliesse, nur um ausschliesslich seine Texte zu lesen. Er stiehlt mir eh meine Zeit, Ihr genialer Dichter.

SILBER Ich möchte das unbedingt spielen. Wir dürfen uns diese Chance nicht entgehen lassen. Denken Sie an die Medienpräsenz, die Brom jetzt schon hat, nach nur drei Tagen in unserer Stadt.

INTENDANT Präsenz kann man das ja wohl kaum nennen, er lässt uns seit einer halben Stunde warten. Wer zu spät kommt, den bestraft das Leben. Morgen muss ich meinen Spielplan bekanntgeben. Das wäre eine Bombe gewesen: Ein Söldnerdrama, wir spielen das Stück zum Krieg. Ein

Schnellschuss! Das Theater auf der Höhe seiner Zeit. Wie spät ist es? Ich gebe ihm noch fünf Minuten. Der Minister wartet nicht gerne.

SILBER Wir haben doch schon alles besprochen, er muss nur noch ja sagen. Das wird er wohl über die Lippen bringen, wenn er sich nicht weiter von faulen Fischen ernähren will. Das kann er sich meiner Ansicht nach nicht länger leisten.

INTENDANTEN Seine Ansichten sind mir gleichgültig, ich will sie nur kaufen, sein Seelenleben interessiert mich nicht. Wenn man das Stück jetzt nicht macht, ist der Krieg vorbei. Zeit ist Geld, und ich verlier die Geduld, wenn man mich länger warten lässt. Ich verdiene mein Geld mit Reden, Silber, Schweigen können Sie woanders.

SILBER Ich seh schon die ersten schwarzen Wolken am Himmel. Er muss gleich hier sein.

INTENDANT Silber, töten Sie mir nicht den letzten Nerv! Ich schätze Sie als Schauspieler, aber dass Sie solche Ansichten haben, das kommt, weil Sie nichts vom Leben verstehen. Ich versteh etwas davon: An diesem Vormittag,

SILBER der nicht wie immer ist,

INTENDANT eröffnet er den Kampf gegen Sie.

SILBER Es regnet.

INTENDANT Ihr Mann streikt.

BROM *tritt ein, völlig durchnässt.*
Der Regen hat mich aufgehalten.

SILBER Brom.

BROM Er wollte nicht zurück nach oben.

INTENDANT Herr Brom, kommen wir zur Sache, wir haben keine Zeit zu verlieren. Ich habe Ihr Stück gelesen, es hat mich beeindruckt, ja sogar verstört, möchte ich sagen. Kurzum: Wir würden es gerne machen. Sind Sie damit einverstanden? Natürlich müssten Sie es noch ein wenig straffen, im Personal kürzen, aber das sind Detailprobleme, die uns jetzt nicht aufhalten sollen – *lacht* wie der Regen.

BROM Langsam.

INTENDANT Wie?

BROM Langsam. Ich kenne dieses schmierige Geschäft noch nicht lange genug.

INTENDANT Herr Brom, wissen Sie, mit wem Sie es hier zu tun haben? Sie sind an einer der ersten Bühnen des Landes. Das wird Ihnen wohl in Ihrem Wüstennest entgangen sein. Sie haben ein Stück geschrieben, wir wollen es machen, also?

BROM Wozu dieses Theater? Es gibt genug Lügen.

INTENDANT Eben. Wir müssen die Lüge verteidigen, nur so hat die Wahrheit auf der Bühne eine Chance.

BROM Was dieses Volk alles in sich hineinfrisst.

SILBER Brom, diszipliniere dich, wir sind hier, um einen Vertrag zu machen.

INTENDANT Ja, wir sollten das Ganze nun endlich versach-
lichen.

BROM Ich weiss nicht, was Ihr hier mit mir vorhabt.

SILBER Er will dein Stück spielen, du sollst es überarbeiten,
das ist alles und mehr als du dir erwarten durftest. Sprechen wir über den Vertrag. Brom gibt dem Theater die
Uraufführungsrechte und verpflichtet sich, bis zwei
Wochen vor Probenbeginn die Spielfassung abzugeben.
Ausserdem würde ich ihn als dramaturgischen Berater
verpflichten. Niemand kennt die Verhältnisse, über die er
schreibt, besser als er. Die Regie werde ich übernehmen,
die Zeit drängt.

INTENDANT Aber Silber, übernehmen Sie sich da nicht. Sie
spielen doch auch die Hautprolle.

SILBER Wenn wir hier eine Sensation landen wollen, müssen
wir schnell reagieren. Ich kenne das Stück seit langem. Die
Inszenierung steht. Brom wird ein Auge auf die Arbeit
werfen. Hier geht es nicht nur um Kunst, sondern um Politik.

INTENDANT Lassen Sie die Politik aus dem Spiel. Sind Sie
einverstanden, Brom?

BROM Man hat mich harpuniert, denkt ihr, ich geh euch
leicht an die Angel?

INTENDANT An Ihrem Honorar soll es nicht scheitern.
40 000 DM, damit können Sie, denke ich, ganz zufrieden
sein.

BROM Ein paar Hemden werde ich mir schon davon leisten können. Ansonsten: Sex for text. Was haben Sie denn für Schauspielerinnen?

SILBER Brom, nicht schon wieder.

INTENDANT Aber in Ihrem Stück gibt es doch nur Männer.

BROM Sie sagten doch, ich soll es überarbeiten. Es werden nur Frauen spielen.

INTENDANT Und Silber.

BROM Nur Frauen, sieben Frauen. Eine schöner als die andere.

SILBER Hören Sie nicht auf ihn, wir klären das unter uns.

BROM Er hat das Stück nicht verstanden. Wie soll er es dann inszenieren.

SILBER Es reicht, Brom, du bist besoffen.

BROM Ihr müsst das ABC noch lernen. Das ABC heisst: Man wird mit euch fertig werden.

SILBER Ja, mit dir bin fertig. Entschuldigen Sie, dass wir Ihre Zeit verschwendet haben.

INTENDANT Bleiben Sie, Silber, bleiben Sie. Ich finde die Idee nicht uninteressant. Das suche ich schon lange – ein Stück für sieben Frauen. Das wäre ensemblepolitisch von Vorteil, und denken Sie an die Kritiker.

SILBER Entweder ich spiele die Hauptrolle, oder ich verabschiede mich aus dem Projekt.

BROM Du bist nicht gefragt. Die Esser sind vollzählig. Was hier gebraucht wird, ist Hackfleisch.

SILBER Das ist doch nur einer deiner verdammten Launen, das Stück mit Frauen zu besetzen.

BROM Er hat nichts verstanden.

INTENDANT Meine Herren, beruhigen Sie sich, lassen Sie uns sachlich bleiben, wir sind doch hier in keinem Kindergarten, sondern unter erwachsenen Menschen.

BROM Kinder wären auch nicht schlecht.

SILBER Also: Entweder wir entscheiden jetzt, dass ich das spiele, oder ich gehe.

BROM Wegen dem Verfremdungseffekt.

INTENDANT Was?

BROM Deshalb Frauen. Mit einem Schwanz in der Mitte gibt es keinen V-Effekt, ist doch klar.

SILBER Verräter.

BROM Du kannst dich ja auch kastrieren lassen, dann spielen wir das ganze als Komödie: Silber, die Amazonentunte.

INTENDANT Brom, jetzt gehen Sie zu weit.

BROM Nein, wir gehen zu zweit, es sei denn, Silber bleibt.

SILBER Was hab ich hier noch verloren. Ich bringe dein Stück hier unter, riskiere meine Reputation, und du intrigierst mich von der Bühne.

BROM Ins Parkett. Was willst du auf der Bühne, dort sollen sich andre blamieren. Es geht nicht um den einzelnen. Die Welt ist nicht schlecht, sondern voll. Und du bist der, der Hackfleisch macht. Du inszenierst, das ist deine Rolle, wenn du willst, schreib ich sie dir.

INTENDANT Machen Sie das unter sich aus, ich möchte jetzt endlich wissen, was Sache ist. Machen wir's oder nicht?

BROM 50 000 und ich unterschreibe. Und Silber bekommt das Doppelte. Es war schon immer das Schwerste, nichts zu spielen.

SILBER Ich

BROM bin einverstanden. Den Vertrag.

INTENDANT Ich lass mich doch von Ihnen nicht über den Tisch ziehen.

BROM Gut, dann wechseln wir eben die Strassenseite und gehen zur Konkurrenz, und Silber kommt mit. Wir sind unzertrennlich. Nicht wahr, lieber Silber. Time is money, was ist?

INTENDANT Silber, Sie garantieren mir ...

SILBER Ja, der Regen wird nicht nach oben zurückkehren.

INTENDANT Das heisst...

BROM Kann ich mir eins Ihrer Bücher ausleihen?

Bild VIII
Hotel Vivaldi

Das Foyer eines Luxushotels, die neutrale Zone der beiden sich räumlich gegenüberliegenden grossen Theater der Stadt, die neutrale Zone für den Künstleraustausch am Checkpoint der Wichtigkeiten: Hier trifft sich, wer getroffen werden will. Hier bleibt kein Gespräch trocken, nur der Champagner, der sein Sehnsuchtslied perlt in den kaputten Künstlerkehlen, die ihn gierig schlucken wie lang erwartete Träume am Ende der Schlaflosigkeit. Der Raum inszeniert sich selbst als das überdimensionierte Blatt einer Partitur, auf dem die Kellner in verschiedenen Tempi um die fetten Pausensessel flirren und dem Stillstand der Köpfe Schritte machen. Überall sitzen zu viele Noten und Nöte: Die Intendanten und Kulturgrössen sind nur schwer von den Managern und Geschäftsleuten zu unterscheiden, hinter jedem Satz steht ein personifiziertes Ausrufezeichen und rhythmisiert die Kakophonie der Nichtigkeiten, doch die Erhabenheit der Gespräche wird immer wieder gestört von amerikanischen Kurzhosentouristen mit ausgebeulten Geldhosentaschen, die den Raum mit Begeisterungsforti durchqueren und zum Aufzug in der Tiefe des Raums streben, der sein gelangweiltes Maul aufreisst, um sie wie sein Kollege Schredder zu schlucken und sie dann in ihre Zimmer-mit-Aussicht-Paradiese zu befördern; während die armen Künstlerseelen in ihrer vollklimatisierten Vorhölle ihre ausgebranntesten Ideen schon wieder verheizen und natürlich um die Wette leiden. Und da diesen Klangraum das Geld dirigiert, sitzt auch Brom hier, gafft den Damen unter die kurzen schwarzen Kleidchen, spuckt Olivenkerne auf die Teppiche, wartet auf Silber und spricht unangenehm laut vor sich hin, fast, als wollte er, stimuliert durch die Aufmerksamkeit, die er auf sich konzentriert

glaubt, seinen Rausschmiss provozieren, doch man weiss
ihn gekonnt zu überspielen: Diese rülpsende Schlagzeile
des lokalen Schmutzblattes, in dem er sich suhlen durfte.
Auf seinem Tisch der obligate Champagner, der sich unter
seinem Niveau trinken lässt und sich, statt zu schäumen,
schämt. Brom geniesst das Ambiente: Die Frauen sind
schön, die Männer austauschbar und die Geigen am
Schwitzen.

BROM *umfasst die Champagnerflasche, schreibt oft laut vor*
sich hin sprechend in sein Buch. Man weiss nicht, memo-
riert er einen Text oder schreibt er ihn tatsächlich neu und
im Moment. In seiner Umgebung regt sich dezenter Un-
mut und voyeuristisches Interesse, das er geniesst.

Hier verkehren nur Schweine, und auch Herr Brom suhlt
sich am Trog der Reichen und frisst, was er zwischen die
Zähne bekommt, mit Haut und Haar, und säuft ihre Pisse,
die sprudelt von den Luftblasen ihrer Gedanken und
stinkt nach ihren arschkriechenden Schwänzen, die faul
sind wie mein Mund, wenn ich sie seh und trinken muss,
bis ich in ihre Arme falle, ihr neuer Blutsbruder, an dessen
Blut sie verrecken sollen, wenn ich mir die Stirn aufschlitz
für ihre väterlichen Küsse. Ach, wie ich es hasse, dieses
ekle Volk, was hilfts, man muss sie einfach lieben, das
bringt sie schliesslich um. Es siegt, wer seine Zeche schul-
dig bleibt. Jetzt schmier ich schon den vierten Tag mein
Stück voll mit Krieg und Leichen ohne Ende, als wär mir
jeder Buchstabe ein Strich für einen, der fällt, und jeder
Satz eine Salve, die ein ganzes Dorf niederstreckt. Herr
Brom läuft Amok, und sein Papier vergilbt dabei, weil es
stinkt wie ein Massengrab. Euer Hunger nach Mord kennt
keine Grenzen, Freunde, ich werde mir noch meine Fin-
gerknöchel dran zerbrechen und die Hand durchschrei-
ben, bis ihr mich als anatomisches Modell in euren Mu-
seen ausstellen könnt. Diese Scheissfassung bringt mich

ganz aus der Fassung, Silber, dieser Verräter, lässt mich ganz allein damit, warum kommt er nicht, er weiss doch, dass ich hier bin und nicht in meinem Loch, wo der Kleine noch liegt und seine Wunden leckt. Poesie tut weh, ich hab ihn gewarnt, denn ich weiss doch, wie man Engel nimmt und seine Rasiermesser an ihren Flügeln wetzt, bis ihre blauen Lippen weinen. Schreibt auch Gedichte, der Kleine, gut so, unglücklich genug ist er jetzt ja, soll ers mir schreiben, werds einem Soldaten in den Mund legen, wenn ihm ein aufgeschlitzter Hals entgegenlächelt und er die Welt bedauert, die unter seinen Händen in die Knie sinkt. Mich ödet dieses Schlachtgemälde an, dieses Statistenschlachten. Ich bleib dabei, lass alles von Frauen spielen, die, wenn sie in den Krieg ziehen, aus ihren haarigen Löchern bluten. Das wird die Herrn Feministen ärgern, und die Frauen werden mir zu Füssen liegen, mich zu erlösen. So wollt ihr mich doch alle: wild, gefrässig und kämpfend. Dieses Stück ist eine einzige Niederlage, werde ich schreiben, damit es meine Kritiker schreiben können, dieses Stück ist eine einzige Niederlage, Brom ist gescheitert, soll er doch wieder in den Krieg ziehen, dort gehört er hin mit seiner Prahlerei. Sie müssen Angst bekommen vor mir, Angst, dass ich ihnen ihre Kritiken zurück in ihre Köpfe schreib und nicht wie andere Feiglinge nur Briefbomben schicke, nein, sie müssen mich sehen und meine Handschrift in den Augen spüren.

Jetzt sitz ich hier und zieh eure Leichen unter dem Teppich hervor und setz sie auf die Schösse eurer Frauen und lass die Schatten aus den Wänden gehen, bis sie sich mit ihren Kleidern decken und so selbst das schönste Gesicht Flecken bekommt und einen Mond aus toten Augen auf den rosigen Bäckchen. Ich schreib so lang, bis eure weissen Hemden schwarz sind wie mein Herz. Hört ihrs, es schlägt wie ein Pferdefuss. Wie allein ich bin: Ein Liebhaber ohne Geliebte, mit einem Geliebten mit dem Gesicht einer Frau, die ich nicht lieben kann und die mich lieben muss.

SILBER Na, Brom, handelst du wieder mit den Jahreszeiten. Ich hätte etwas Winter im Angebot.

BROM Ja, Silber, mir ist nach Schlittschuhlaufen, nach einer Frau aus Eis, auf der ich meine Kurven zieh, bis ich einbrech in ihr Herz und drin ersauf.

SILBER Na, wie ich seh, übst du dich ja schon kräftig ein ins Ertrinken.

BROM Weißt du, mir ists hier zum Erfrieren, nur kalte Augen um einen herum, dass man sich vermummen möchte vor ihren Blicken.

SILBER Der heissblütige Herr Brom gibt wohl heute den Sentimentalen, dem es fröstelt vor ein paar weissen Seiten Papier. Wie weit bist du denn mit deiner Fassung, mit deinen sieben Frauen und deinem einsamen Schwanz.

BROM Silber, du musst es machen, meine Hände zittern zu sehr.

SILBER Schmier dein Papier doch voll mit rotem Sommer, dann wärmts dich schon, oder lad dir ein paar Frauen ein, die dir die Füsse massieren und ihre Poesiealben leihen, damit du draus abschreiben kannst.

BROM Ich bin nicht in der Stimmung zu streiten, du bist mein Freund, und mich holt die Lawine ein, die du losgetreten hast – hilf mir.

SILBER Ich hab das Gespräch beim Intendanten nicht vergessen. Erst lässt du mich hängen, und dann hängst du dich an meinen Hals und schreist Hilfe.

BROM Wenn es doch so kalt ist und die Nacht keine Wolken hat.

SILBER Du hast doch deinen Champagnerkontrakt und deine Mäzenatin, die dich fördert, weil sies ihrer Liebsten jetzt nicht mehr selbst besorgen muss. Sie hat doch eine lyrische Ader, stech sie dir, das kannst du doch so gut.

BROM Du verstehst mich nicht. Ich habe das alles nur für dich getan, glaub mir.

SILBER Für mich?

BROM Nur für dich, nur wegen dir bin ich noch hier und schau in diese bleichen Gesichter, die ihre Schatten auffressen vor Langeweile. Was ich hier spiele, ist deine Rolle, warum vergisst du das. Ich muss sie glauben, sonst pack ich das nicht, mich in ihr vergessen. Ich sprech deine Sätze, du musst sie für mich aufschreiben. Es hat doch alles wunderbar geklappt, der Kontrakt steht, die Frauen sind engagiert, und ich war so kotzig, wie man es von mir erwartet: Du hast doch selbst gesagt, ich muss einer sein, der über Leichen geht, und die schönste Leich ist doch das Herz des Freunds, den man verrät. Jetzt hab ich den Stempel auf der Stirn, den wir brauchen. Es war dein Stück, ich habs zu meinem gemacht, und deshalb spielst du nicht mehr mit, hast wohl Angst vor den Geistern, die du riefst.

SILBER Wenn es jetzt dein Stück ist, dann schreib es auch zu Ende und inszenier es gleich selbst. Dann werden sie dich schon wieder dorthin zurückjagen, wo du herkamst. Gib mir meine Texte zurück.

BROM Eiskalt hier, lass uns die Jahreszeit wechseln. Alles läuft nach Plan, nur die Bäume hängen so schwermütig im Wind und schütteln sich den Regen ab. Man muss sich an den Rinden reiben, bis sie bluten nur für dich. Lass uns zum Fluss gehen und zusehen, wie der Himmel seine Augen zudrückt und die Sterne dann auf seinen Lidern zählen. Komm, zahl, und wir gehen.

SILBER Hör auf mit dem Theater, ich will meine Texte zurück.

BROM Hey Oberfrack, eine Flasche Champagner und zwei Frauen, die habt ihr doch im Zimmerservice inklusiv, oder. *Silber will gehen, Brom hält ihn, zieht ihn an sich, flüstert.* Bleib, versteh doch endlich, vergiss deinen Text, dein Stück ist, was ich, was wir hier spielen. Entweder du spielst mit, oder du spielst nie mehr irgend etwas. Niemand wird dir glauben, und wenn sie dir glauben sollten, bist du auch erledigt. Du bist in meiner Hand, sie kann dich streicheln oder erdrücken, das liegt bei dir. Ich brauche dich, doch wenn du dich wehrst, verbrauche ich dich. Mir geht der Text aus, verstehst du. Ich klau mir aus allen möglichen Büchern meine wilden Sätze und Gesten zusammen, aber das reicht nicht, ich bin leer, hörst du, völlig leer. Du musst die Fassung schreiben, das Stück umarbeiten, so wie ich es dir sagen, so wie mich meine neue Rolle hier schreibt und von einer Katastrophe in die nächste trägt. Ich verliere meine Identität, und du sollst das mitstenographieren, damit ich später weiss, wer ich war und vielleicht nie mehr wieder sein werde. Das ist kein Spiel mehr, und wenn, dann eines mit falschen Karten. Diesen Betrug wird dir niemand verzeihen. Wir müssen so falsch sein, dass ihnen unsere Authentizität zum Hals heraushängt und sie mit hechelnden Zungen unserer Wirklichkeit hinterherlaufen wie ein läufiger Hund hinter der nächstbesten Pudelvotze. Wir spielen hier Krieg, und der Krieg sind wir, so einfach ist das. Vergiss deine Eitelkeit, das ist vorbei. Du bist der grosse Entdecker und Regiestar, das reicht; und ich das Genie, das früh sterben muss. Wenn wir hier abgezockt haben, hau ich ab, und dir bleibt der Lorbeer, den du dann ruhig alleine fressen darfst. Doch bis dahin dürfen uns die Skandale nicht ausgehen, ich will jede Woche in der Zeitung stehen, und dafür werde ich mich mit dir schlagen, dich denunzieren und lieben, bis dir schlecht wird. Ich werde die Frauen aussaugen wie eine Kokosnuss und dich die bittere Schale fressen lassen, wenn sie dir auf den Proben das Hemd vollheulen. Und du wirst sehen, es wird ein grosser Erfolg. Und wenn ich verschwunden sein werde, werdet ihr mich, wenn ihr euch erinnert, wie ein Heiligenbildchen an die Brust drücken und euch brüsten, was ihr ausgehalten habt mit mir und was für ein guter Mensch ich doch war. Du wirst meinen Nachlass herausgeben und finden und finden und schreiben, bis dir die Finger wund sind. Ich schenke dir eine schöne Leiche, was willst du mehr vom Leben, du darfst sie schänden, bis mir die Knochen zerfallen und mein Herz im Staub der Strasse liegt. Wenn das kein Deal ist! Schlag ein, das war doch deine Idee, oder scheisst du jetzt plötzlich ein? Ich liebe deine Augen, Quecksilber, wir wollen dein hitziges Gemüt in die Höhe schiessen, bis die Säule in deinem Rückgrat platzt vor rotem Sommer. *Er küsst ihn.* Wo bleibt der Champagner, sollen wir hier verdursten? Ich liebe dich, Silber, ich hol mir eine goldene Nase an dir, und am Ende, wenn wir Mr. Cool Brom nicht mehr riechen können, schlagen wir sie uns ab. Lass mich jetzt nicht hängen, nichts kann uns halten. Bleib bei mir. Erschrick jetzt nicht. *Er stösst ihn von sich, brüllt.* Hau doch ab! *Er hält ihn zurück.* Nein, bleib, wir saufen diese Scheiss-Statisten hier alle noch unter den Tisch. Champagner für alle, das Theater zahlt.

KELLNER Herr Brom, ich möchte Sie bitten, Ihre Lautstärke etwas zu drosseln, man hat sich schon beschwert.

BROM Welcher Wichser hat sich hier beschwert und ist zu feige, es mir selbst zu sagen? Bringen Sie ihm eine Flasche Champagner auf meine Kosten und knallen ihm den Korken in die Fresse, gute Idee, was, Silber.

SILBER Bringen Sie mir die Rechnung, wir gehen.

BROM Sollen sie mich doch rausschmeissen, das geilt die Schlappschwänze doch auf, wenn ihre langweiligen Visagen sich ein bisschen schockieren dürfen. Sie sollten mich bezahlen dafür. Wozu spiel ich hier den Animateur für ihre Herzmuskelschwäche.

SILBER Es reicht für heute, du hattest deinen Skandal, wir gehen. *Steht auf.*

BROM *gibt ihm ein verstecktes Zeichen.*
Ich bin noch lange nicht fertig.

SILBER Aber ich. *Er geht.*

BROM *ruft ihm nach*
Bis dann im Puff, wärm mir die Jüngelchen schon vor, sonst friert es mich zu sehr auf ihren Rippen.

KELLNER Herr Brom, ich möchte Sie bitten, auch zu gehen. Bitte machen Sie keinen Skandal.

BROM Ich will den Hotelmanager sprechen, er hat mir weisse Hemden versprochen.

KELLNER Bitte, Herr Brom, seien Sie doch vernünftig, sonst seh ich mich gezwungen

BROM Wer zwingt dich. Du hast ein schönes Gesicht, das gefällt mir. Bring mir die Rechnung und deine Adresse, dann geh ich. Hab keine Angst, ich halte Wort für dich. Was für warme Lippen du hast, friert dich hier nicht? *Der Kellner geht ab, kommt mit der Rechnung zurück, Brom sieht ihn an, entdeckt auf der Rückseite eine Telefonnummer, lächelt, steht auf, spricht in den Raum.* Meine Herrschaften, verzeihen Sie die Störung. Der Föhn! *Er verlässt das Hotel.*

Bild IX
Häute

Ein Hotelzimmer im Vivaldi. Halbdunkel. Brom liegt auf dem Bett, richtet die Nachttischlampe auf die Mäzenatin, fährt mit dem Lichtkegel wie mit einem Suchscheinwerfer über ihren Körper. Sie will sich ausziehen.

BROM Ziehen Sie sich nicht aus!

MÄZENATIN Ist das ein neues Spiel, Brom.

BROM Es langweilt mich. Ich schlage Ihnen einen Deal vor.

MÄZENATIN Ich bin hier nicht, um Geschäfte zu machen, sondern Sex.

BROM Wir machen ein Geschäft mit Sex. Sie handeln mit Schweinebäuchen, ich mit Gefühlen und Häuten.

MÄZENATIN Ein Joint Venture.

BROM Ein kleiner Tauschhandel, der uns aufgeilen soll. Zuerst wollte ich Ihren ganzen Körper mit Tausendmarkscheinen bedecken, sie wie Briefmarken mit meinem Speichel auf Ihre Haut kleben und Sie dann unter dem Feuermelder lieben, bis das Geld zu schwitzen beginnt und es rauscht wie der Wind, wenn ich auf Ihnen liege und wir uns aneinander heiss reiben und danach unsere Zigaretten mit den Scheinen anzünden. Doch das langweilt mich jetzt, wir sind doch keine Kinder mehr, die sich abschlecken.

MÄZENATIN Kommen Sie zur Sache, Brom, lassen Sie mich nicht im Regen stehen, sonst stoss ich Sie und ihre Poesie ab, noch bevor Sie Ihre Hose wieder zugeknöpft haben.

BROM Zeit ist Geld, und Geld ist sexy, ich weiss.

MÄZENATIN Sie sind naiv, Brom, Geld langweilt mich.

BROM Aber nicht die Macht, die es auf Menschen hat. Das trifft sich mit meiner Poesie. Mich interessieren Gedichte nicht.

MÄZENATIN Der Deal, Ihre Zeit läuft ab.

BROM Ihr Einsatz: Ihre kleine Gespielin, die mir unter die Lederjacke kriechen wollte. Meiner: Ein unschuldiger Junge, der mich unsterblich liebt und auf mich zu Hause wartet. Das Spiel: Sie lieben sich für uns. Sie zahlen Emilie, und ich verkaufe die Unschuld des Kleinen, den noch nie eine Frau berührt hat. Gefühl und Geld, das ist der Deal.

MÄZENATIN Und wir?

BROM Wir schauen zu, ohne einander zu berühren. Sie lassen das Geld arbeiten und ich seine Liebe zu mir.

MÄZENATIN Gekauft. Aber wie wollen Sie Ihr kleines Opferlamm davon überzeugen, sich auf Emilie zu legen und uns dabei Punktrichter spielen zu lassen.

BROM Sie werden uns nicht sehen. Ich werde mit ihr zu ihm gehen und Ihre Liebessklavin als Nutte zurechtrichten.

MÄZENATIN Warum sollte er mit ihr schlafen?

BROM Ob er mit ihr schläft, sie umbringt oder aus dem Fenster springt, ist mir egal. Wir können wetten.

MÄZENATIN Er wird einfach gehen.

BROM Das lassen Sie ruhig meine Sorge sein. Er liebt mich, er wird sich an mir rächen, mich für meine Grausamkeit bestrafen wollen.

MÄZENATIN Und Emilie?

BROM Liebt nur ihr Geld und lässt sich von jedem flachlegen, der ihr mehr bietet.

MÄZENATIN Ich wette dagegen. Meinen Mantel, bitte.

BROM Gilt.

Bild X
Dachkammer II

*Broms Dachkammer. Die Sterne starren durchs Fenster,
der Himmel schickt sich an, noch auszugehen, und pudert
sich mit ihrem Staub, der grosse Wagen zittert, und auf der
Milchstrasse schiebt sich der Stau durch die Nacht. Ein Engel stürzt über sein Lachen, die Selbstmörder fallen von
den Häusern, und wer sie fallen sieht, hat einen Wunsch
frei. Eine schöne, klare Nacht. Nur die Strasse wartet im
blauen Licht der Tankstellen auf den Geruch von Benzin
und den schwarzen Dunst der Abgaswolken, einsam liegt
sie da wie eine Beute. Es ist spät, Johannes, der Kellner,
steht am Fenster, wartet auf Brom, raucht nervös, läuft
durchs Zimmer, als hätte er sich verirrt zwischen den Wänden, als würde ihm alles Vertraute von Schritt zu Schritt
fremder, als müsse er das Fenster aufreissen und in die
Nacht schreien, bis der Mond ihm seine Zunge zeigt und
auf ihn spuckt. Ihm ist, als würden ihm die Augen gefrie-
ren. Er dreht die Heizung und alle Wasserhähne auf, zündet das Gas im Herd, bis die Hitze unerträglich ist und sein
weisses T-Shirt sich vollsaugt mit Schweiss. Schön ist er in
seiner Verzweiflung, ein unschuldiges Kind, das seine erste
Zigarette pafft und sich dabei die Lippen verbrennt. Eigentlich könnte er auch springen, aber eh er sich's überlegt,
sieht er Brom die Strasse überqueren mit einer Frau. Sie
kommen, nein, sie fallen ein in Broms Dachkammer, trun-
ken und verschlungen.*

BROM Du bist noch da, Johannes? Gut, dann haben wir
  eben zu dritt Spass. *Zu der Prostituierten* Komm, zieh
  dich aus, wir wollen unserem jungen Freund die Gestirne
  erklären. *Sie fängt an sich auszuziehen. Er lacht.* But you
  can leave your head on. *Zu Johannes, der wie versteinert*

vor ihnen steht, nicht weiss, ob er weinen, schreien oder aus dem Zimmer laufen soll, ob er Brom oder der Frau an die Kehle soll oder alles nur verdrängen soll wie einen bösen Traum. Regungslos aufgeregt starrt er auf Brom, der ihn anlächelt und beginnt, sein Hemd aufzuknöpfen. Ach, Johannes, ich hab dir was mitgebracht. *Er wirft ihm eine Tüte zu, aus der Johannes ein weisses Grossmutternachthemd zieht.* Mach das Fenster auf, oder willst du, dass wir hier drinnen verbrennen. Wir sind doch selbst schon heiss genug, nicht wahr, Kleine, und dann lassen wir uns vom Himmel den Schweiss von den Häuten lecken und warten, bis der Morgenwind uns die wunden Lippen kühlt.

JOHANNES *fast den Tränen nah. Er blendet fast zwanghaft, immer nur auf Brom fixiert, die Prostituierte aus und versucht sie zu ignorieren.*
Ich habe die ganze Zeit auf dich gewartet, ich...

BROM Weine nicht, Kleiner, jetzt bin ich doch da. Komm, wir wollen unsern Spass zusammen haben. *Er küsst die Prostituierte.*

JOHANNES Ich habe mir solche Sorgen um dich gemacht.

BROM Hast du den Stoff besorgt?

JOHANNES Ich habe auf dich gewartet, du wolltest sofort wiederkommen.

BROM Du Versager, soll ich mir jetzt die Wolken in die Nase ziehen. Na ja, *blickt auf die mittlerweile völlig entkleidete Prostituierte* nackt ist der Himmel am schönsten. Wozu dem Nebel nachweinen.

JOHANNES Du hast gesagt, du liebst mich und jetzt

BROM Lieb ich dich auch, zieh dich aus.

JOHANNES Ich kann nicht. Brom, bitte schick sie fort, lass
uns alleine sein.

BROM Ich gehör nie einem allein, mein Lieber, das musst du
noch lernen. Stell dich nicht so an. *Er versucht ihn zu küssen.*

JOHANNES Warum musst du mich so erniedrigen.

BROM *zu der Prostituierten.*
Komm, leg dich auf mein Gras, mein kleiner Himmel, wir
wollen unserem unerfahrenen Freund den grossen und
kleinen Wagen erklären, wenn er schon aus seiner Haut
fahren will und nach den Sternen greift.

JOHANNES *der ihn falsch verstanden hat*
Was weißt du schon von Astronomie?

BROM Dass ich ein Stier bin und dass, wo ich war, kein Gras
mehr wächst. Und dass die Erde eine Kugel ist und dass
sie, wenn man sie in der Mitte auseinanderschlägt, zwei
Brüste hat, die himmlisch sind. Und dass du eine Jungfrau
bist und ihr mein Zwillingspaar, *lacht* mein zwei-eiiges.

JOHANNES Und du mein Stern, der grad verglüht. *Will gehen.*

BROM Sehr gut, du lernst schnell, *hält ihn gegen seinen Willen* wenn man dich auch zwingen muss.

JOHANNES Sie oder ich, du musst dich entscheiden.

BROM Ihr beide. *Er geht und schliesst die Tür von aussen zu.*

JOHANNES Brom, Brom, du Schwein, lass uns raus! *Er rennt zum Fenster, sieht ihn gehen, ruft ihm nach.* Komm zurück.

BROM *aus der Ferne.*
Sie ist bezahlt bis morgen früh.

JOHANNES Wir müssen die Tür eintreten. *Er rennt gegen die Tür und fällt auf den Boden, hält sich die Schulter.*

PROSTITUIERTE Hast du dir weh getan?

JOHANNES Nein, geht schon, lassen Sie mich.

PROSTITUIERTE Du liebst ihn?

JOHANNES Ja, was geht das Sie an, wir müssen hier raus. *Er sucht nach Werkzeug, die Tür zu öffnen.*

PROSTITUIERTE Lass die Finger von ihm, er stinkt.

JOHANNES Das ist mein Problem.

PROSTITUIERTE Er wäscht sich nicht.

JOHANNES Er hat Sie doch bezahlt.

PROSTITUIERTE Hat er nicht.

JOHANNES *kramt in seinen Taschen.*
Hier ist alles, was ich habe.

PROSTITUIERTE Ich brauche dein Taschengeld nicht.

JOHANNES Schlafen Sie mit mir, schlafen Sie mit mir. Es wird doch reichen. Wenn es nicht reicht, nehmen Sie noch meine Uhr, oder ich geben Ihnen morgen das Geld, glauben Sie mir.

PROSTITUIERTE Behalte deine Uhr. Die paar Kröten reichen gerade für einen Blow-Job. Ich bin keine von der Strasse.

JOHANNES Ich gebe Ihnen morgen das Geld ganz sicher, oder Sie gehen einfach mit zu mir, und ich gebe es Ihnen dann.

PROSTITUIERTE Ich werde nicht mit dir schlafen.

JOHANNES Warum nicht? Dann, dann blasen Sie mir einen, dafür reicht es doch, oder?

PROSTITUIERTE Weil er es will.

JOHANNES Wie?

PROSTITUIERTE Ich schlafe nicht mit dir, weil er es will. Vergiss ihn, das verletzt ihn nicht, wenn du mit mir schläfst.

JOHANNES Doch, er liebt mich, er kann nur seine Gefühle nicht zeigen. Dieses Söldnersein hat ihn total verroht, aber in seinem Herzen ist er ein zärtlicher Mensch. Er hat Ihnen seine Gedichte vorgetragen?

PROSTITUIERTE Hast du schon einmal mit einer Frau geschlafen?

JOHANNES Ja, nein.

PROSTITUIERTE Und mit einem Mann, mit ihm?

JOHANNES Ich möchte nicht darüber reden.

PROSTITUIERTE Lass die Finger von ihm.

JOHANNES Sie kennen ihn doch gar nicht.

PROSTITUIERTE Er macht dich zu seinem Strichjungen und
dann, wenn dein kleines schönes Gesicht Falten hat,
schmeisst er dich weg wie eine ausgepresste Orange.

JOHANNES Wie können Sie nur so etwas behaupten.

PROSTITUIERTE Ich weiss es.

JOHANNES Und ich weiss, dass es nicht so ist. Verdammt,
wir müssen hier raus!

PROSTITUIERTE Hast du seine Fingernägel gesehen, sie sind
schwarz wie die Nacht.

JOHANNES Na und, das kann Ihnen doch egal sein. Warum
sind Sie überhaupt mit ihm gegangen, wenn er Sie so anwidert.

PROSTITUIERTE Er ist mit mir gegangen. Es ist ein Spiel.
Willst du mit mir schlafen?

JOHANNES Wie, ein Spiel? Ich versteh nicht.

PROSTITUIERTE Komm! *Sie zieht ihn zu sich, versucht, ihn
auszuziehen.*

JOHANNES Nein, ich kann nicht. Nein, es tut mir leid.
Nimm mein Geld!

PROSTITUIERTE *gibt ihm eine Ohrfeige.*
Du verstehst wirklich nichts. *Sie zieht sich an.*

JOHANNES Warum hast du mich geschlagen?

PROSTITUIERTE Du musst ihn vergessen.

JOHANNES Was wird hier gespielt, was macht ihr mit mir.

PROSTITUIERTE Der Einsatz ist zu hoch für dich. Komm!
Sie geht zur Tür, sperrt sie auf.

JOHANNES Woher hast du den Schlüssel?

PROSTITUIERTE Komm jetzt, bevor er zurückkommt.

JOHANNES Hat er dir den Schlüssel gegeben?

PROSTITUIERTE Hör endlich mit der Fragerei auf, ich erklär
es dir später.

JOHANNES Nein, ich bleibe.

PROSTITUIERTE Mach keinen Fehler.

JOHANNES Verdammt, sag mir endlich, was hier los ist.

PROSTITUIERTE Denk an das, was ich dir gesagt habe. Er
wird dich zerstören. *Sie will gehen.* Machs gut!

JOHANNES Warte!

PROSTITUIERTE Ja.

JOHANNES Nein, nein, ich kann nicht, ich warte. Er muss mir das erklären.

PROSTITUIERTE Dir ist nicht zu helfen. *Sie geht endgültig ab.*

JOHANNES Bleib doch! *Er läuft zum Fenster, reisst es auf, sieht ihr nach, ist unschlüssig, setzt sich ins Fenster, überlegt zu springen.* Ich bin ein Feigling. *Er will springen, man hört einen Schlüssel in der Tür. Black.*

Bild XI
Talkshow

Eine Studiolandschaft in Blau, ein Gruppenbild unter einem Himmel von Scheinwerfern, die mit den wandernden Kameraaugen wetteifern um die Lippen der Gäste und die Schatten der Worte, die aus ihren Hülsen ins Leere fallen. Vier stahlverchromte Ledersessel, gruppiert um einen virtuellen Kamin, der ein offenes Feuer simuliert und die Kälte des Raums verschärft, das Zittern der Hände und Pulsieren der Augen auf Sendung. Während die Kameras durch den Raum fahren und den Boden vereisen, bleiben die vier in ihrem Visier wie schockgefrostet auf ihren Sesseln sitzen, quälen sich ein Lächeln ab und verbergen beim Sprechen ihre Zähne, die nicht weiss sind wie Schnee, sondern schmutzig wie der Schnee der Strasse. Wenn auf dem Bildschirm des Kamins plötzlich Fische schwimmen und die Algen ihren Schleiertanz üben, steht die Runde unter Wasser, und die Luftblasen verzerren ihre Gesichter, die panisch in die Haifischmäuler starren und mit den Armen rudern, als gäbe es ein Entkommen aus dem Becken. Doch schon in der nächsten Sekunde trocknen die Schwimmpfühle aus, und das Licht bügelt die Falten der Anzüge und Stirne wieder glatt, denn glatt ist auch das Eis, auf dem sie gehen. Doch das Lächeln des Moderators wird es so lange spiegeln müssen, bis es bricht, und die Runde verschwindet in den Warteschleifen der Videorecorder. Dann hat auch die Kälte ein Ende. Doch noch sitzen sie, die Quotenkiller, zusammen und talken statt zu reden und haben nichts zu sagen und sagen es trotzdem und mit Nachdruck. Das Frühstücksfernsehen wird ihre Worte wiederholen, das tröstet sie in der Einsamkeit der Studionacht. Und da sehen wir sie nun, Brom, Silber, den Kritiker und natürlich unseren smarten Talkmaster, wie er seine Masterfragen stellt und ohne Frage gut aussieht.

GIL MATTIS Herr Brom, als die deutschen Bombengeschwa-
der schon über den Dächern von Paris dröhnten, stand
Ernst Jünger auf der Dachterrasse des Hotels Raphael und
hielt, ich zitiere, ›ein Glas Burgunder, in dem Erdbeeren
schwammen, in der Hand‹. Können Sie das nachempfin-
den?

BROM Nein, Burgunder mit Erdbeeren, grausam. Der Mann
hat keinen Stil.

MATTIS Er schrieb: ›Die Stadt mit ihren roten Türmen und
Kuppeln lag in gewaltiger Schönheit, gleich einem Blüten-
kelche, der zur tödlichen Befruchtung überflogen wird.‹
Herr Brom, Sie waren Söldner in Afrika, Sie beschwören
immer wieder die Einsamkeit des Kämpfers, die Roheit des
Krieges und den stählernen Willen des Überlebenwollens
– Ihre Zeilen, so möchte ich behaupten, sind von ähnlicher
Gewalt und moralisch zweifelhafter Schönheit und Ver-
klärung wie die Ernst Jüngers, fühlen Sie sich ihm und seiner Kriegsprosa verwandt? Kann das nur jemand so schreiben, der dem Tod ins Auge sah und die Waffe vor der Feder
in der Hand hielt? Ist die Kälte Ihrer Verse der Schutz-
schild, um in diesem Wahnsinn zu bestehen?

MÜLLER-SCHUPPEN Aber Herr Mattis, ich bitte Sie, Sie
können doch nicht einen aristokratischen Anarchisten
und begnadeten Distanz-Stilisten wie Jünger mit dem vi-
talen Rebellionsgestus Broms vergleichen, dessen Verse
quasi ein Fortissimo des Aufbegehrens verkörpern, der, so
möchte ich behaupten, gerade den schmutzigen Reim
sucht und dem Brillanz nahezu ein Verrat an Wahrheit bedeutet, der wirklich, um doch eine Brücke zu Jünger zu
schlagen, ein abenteuerliches Herz in seinen Zeilen schlagen lässt, dem wir also ebenso gebannt wie mit Erschrek-
ken lauschen.

BROM *gelangweilt*

Jünger hat doch nur Käfer aufgespiesst und den Schmetterlingen den Staub von den Flügeln gewischt wie eine alte Putzfrau, ich weiss gar nicht, warum ihr euch immer so an diesen Wohnzimmerschlachten aufgeilt. Aber er hatte eine schicke Uniform; das stimmt, man sieht in seiner Prosa immer die Knöpfe funkeln und weisse Hemden hatte er, weisse Hemden, um die ich ihn beneiden könnte.

MÜLLER-SCHUPPEN Bei allem Respekt vor Ihrem Werk, Herr Brom, aber so sollten Sie mit Jünger nicht umgehen, sein Tod lässt uns in einer existentiellen Einsamkeit zurück, ich möchte fast sagen, mit ihm hat sich das Jahrhundert von uns verabschiedet, und wir stehen wie Waisen ohne Zeit und Halt vor einem neuen Jahrtausend...

BROM ... Das mir gehört ab 2001, wir wollen doch korrekt sein. Ich stosse in eine Lücke. Bei allem Respekt, nicht Jünger, sondern der Jüngere gewinnt den Kampf, vergesst das nicht, ihr draussen vor den Bildschirmen, erschlagt eure Väter, dann haben wir endlich Ruhe.

MATTIS Aber Brom, Sie werden mir doch nicht unsere Zuschauer agitieren wollen. Das könnte missverstanden werden. Und so war es ja auch gar nicht gemeint. Aber Sie geben mir das Stichwort. Nicht nur in Ihrem Werk, sondern auch im Leben lieben Sie die Rolle des Provokateurs, füllen unsere Feuilletons mit Schlagzeilen und produzieren mehr Skandale als Bücher, jedenfalls momentan. Sind Sie so oder ist das nur eine Marketingstrategie Ihres Agenten, eine Pose, leer aber wirksam, wenn ich das mal so formulieren darf. Kann denn heute, um gleich die nächste Frage anzuschliessen, in unserer Medienlandschaft nur noch die Person und nicht das Werk provozieren, und führt denn die Provokation noch zu irgend etwas, steht denn ein Inhalt, ich will sagen, eine Aussage dahinter, die Sie auf diese Weise vermitteln wollen? Was ist denn damit noch erreichbar, Herr Silber? Und warum inszenieren Sie denn Broms Söldnerstück? Kurz gefragt: Was versprechen Sie sich davon?

BROM War denn nicht ich gefragt?

MATTIS Wir wollen doch auch einmal Ihren Kollegen zu Wort kommen lassen. Was meinen Sie, Herr Silber?

SILBER Ich möchte, Brom wird es mir verzeihen, mit Jünger antworten: ›Die Überwindung der Todesfurcht ist die tägliche Aufgabe des Autors.‹ Ich kenne keinen lebenden Dramatiker, der sich ähnlich unbedingt und radikal dieser Todesfurcht ausgesetzt hat wie Brom. Es ist ja nicht so, dass diese Kämpfe, die er beschreibt, uns nichts angehen würden, weil sie in einem fernen Land angesiedelt sind, dessen Toten, Tätern wie Opfern, wir uns einfach mit der Fernbedienung entledigen, oder dass wir die Überlebenden, wenn sie zu uns flüchten, einfach abschieben können oder in Containern isolieren und entsorgen. Brom und sein Werk sind das Produkt unserer Gesellschaft, der personifizierte Krieg, den wir exportieren, er kämpft mit deutschen Waffen, und nun wendet er diese Waffen plötzlich gegen uns, poetisch natürlich, und macht sie für uns alle sichtbar. Das provoziert natürlich, weil es uns in die Verantwortung zwingt. Und wenn er als Person provoziert, dann deshalb, weil er die Verrohung unserer Gesellschaft nicht verheimlicht, sondern offen zeigt, weil er sich wie ein Zerrspiegel vor unsere netten Gesichter stellt und dann lacht, dass wir so entsetzt sind über uns. Mit einem Wort: Er versinnbildlicht unser Dilemma, dass wir keineswegs so hilfreich und gut sind, wie wir vorgeben, und dass wir nichts tun dagegen. Seine Schlagzeilen macht im Grunde nicht er, sondern wir.

BROM Ich kann dann jetzt wohl gehen, wenn ich nichts sagen darf, oder? Habt ihr denn hier nichts Vernünftiges zu trinken, ich bekomme immer eine trocknen Hals, wenn Sesselfurzer über den Krieg reden. Entschuldigung, Silber, aber du redest Blech, mich interessiert eure Moral einen Scheissdreck. Ich will Kohle und Weiber, das ist alles. Ich habe keine Lust mehr, im Dreck zu liegen, so verdien ich mein Geld leichter, und die Frauen lieben es, wenn einem noch das Blut unter den Fingernägeln klebt.

MATTIS Da haben wir ihn wieder, den Provokateur. Brom at his best, meine lieben Zuschauer, bleiben sie dran. Unser Zuschauertelefon ist ab jetzt für sie geschaltet.

BROM Kommen jetzt endlich die geilen Torten mit ihrem 0190-333 bla bla bla. Wär ganz nett, jetzt mal statt euren Krawatten paar Möpse zu sehen, sonst schlaf ich noch ein.

MATTIS Nein, nein, wir sind hier öffentlich-rechtlich, wir werben nur für Sie, Brom.

BROM Also, ruft an, halt mal die Nummer ins Bild: 01 77-771 16 66.

MATTIS Sie sehen, lieber Zuschauer, ich habe nicht zuviel versprochen. Sie können uns anrufen und Fragen stellen, die Nummer wird eingeblendet. Aber zunächst ein Filmbeitrag von Hans Trage über die Proben zu Broms Stück, das heisst wie er: Brom. Aber darüber werden wir anschliessend noch Zeit genug finden zu sprechen. Wie gesagt, bleiben Sie dran und wählen Sie die richtige Nummer. Wir sind für Sie da.

Der Film wird eingespielt, ein Fernsehapparat zwischen die Runde geschoben. Noch bevor sich jemand erheben kann, kommen die Maskenbildnerinnen und erneuern die Schminke auf den schwitzenden Gesichtern.

BROM Kann ich jetzt endlich pinkeln gehen? *Zur Maskenbildnerin* Kommst du mit?

MATTIS In fünf Minuten sind wir wieder auf Sendung.

BROM Keine Angst, ich bin schnell fertig. Ihr könnt ja das Mikro anlassen, dann habt ihr auch etwas Spass dabei. *Ab*

MATTIS Er fällt wohl nie aus seiner Rolle, Ihr Freund?

SILBER Deshalb haben Sie ihn doch eingeladen, damit die Quote steigt und nicht fällt.

MATTIS Ich muss mich nicht dem Quotendiktat unterwerfen, da bin ich als Kulturredakteur geradezu privilegiert, und wie heisst es doch so schön bei uns: Abschalten kön nen Sie woanders.

SILBER *trinkt*
Wer schaltet denn um diese Nachtzeit überhaupt ein, glauben Sie denn, wer jetzt noch zusieht, kann uns von den Astronauten, die später über den Bildschirm hüpfen, torkeln, unterscheiden? Sie verschenken Brom und seine Inhalte. Das ist ein Fehler, glauben Sie mir. Er wird schneller in der Primetime sein, als Sie erwarten.

MATTIS Aber, mein lieber Silber, je später, desto früher – damit bin ich den anderen voraus. Unterschätzen Sie die Akzeptanz unserer Sendung nicht. Ich zeige Ihnen nachher im Büro die Quoten.

MÜLLER-SCHUPPEN Da muss ich Herrn Mattis recht geben, die Qualität seiner Gesprächsführung ist geradezu legendär und äusserst publikumswirksam. Nicht umsonst ist er in meiner Zeitung auch mit einer Kolumne vertreten. Wir nehmen das Publikum quasi in die mediale Zange. Seien Sie froh, dass wir Ihrem tollen Jungdramatiker eine solch qualifizierte Öffentlichkeit verschaffen.

SILBER *trinkt*
Sie beuten ihn aus und treiben ihn in den Abgrund.

MATTIS Aber Silber, wir wollen hier doch nicht moralisch werden, das ist doch lächerlich, völlig absurd. Sie wollen uns doch nicht erzählen, dass ein Mann wie Brom nicht weiss, was er tut. Im Gegenteil, er benutzt uns. Er hat ein schönes Gesicht und zarte Hände. Das will ihm niemand nehmen. Und dieses doch etwas pubertäre Pathos ist doch ein willkommener Kontrast. Diese intellektuelle Anzugsliteratur langweilt einen doch. Quotenmässig zahlt sie sich jedenfalls nicht aus.

SILBER Ich verstehe, das Design bestimmt die Quote.

MÜLLER-SCHUPPEN Silber, halten Sie sich bitte mit solchen Bemerkungen zurück, wenn wir wieder auf Sendung sind, damit ist niemand genutzt, wir wollen ja schliesslich Brom an den Mann bringen.

MATTIS An der Frau ist er ja schon.

MÜLLER-SCHUPPEN Ich bitte Sie. Er ist unsere Entdeckung. Das ist auch für Sie nur förderlich. Er hebt Sie ja quasi mit in die Höhe. Schliesslich haben Sie ihn an die Bühne gebracht und profitieren nun von seinem Öffentlichkeitswert.

SILBER Mir wäre lieber, wir sprächen über sein Werk, seine Anliegen und nicht über seine Quoten und sein Erscheinungsbild in den Medien.

MATTIS Ach, das könnte doch besser nicht sein. Sie haben das doch treffend formuliert: Zerrspiegel unserer Gesellschaft. Aber wir sollten jetzt wirklich noch etwas mehr Pep zulegen, sonst springen uns die Zuschauer ab, das weiss ich aus Erfahrung, ab 22 Uhr sinkt die Quote um 20%, ausser bei Verona. Also: Etwas mehr Schärfe bitte. Gleich ist es wieder soweit, meine Herren. Wo ist Brom? Er soll jetzt bitte hier provozieren und das nicht durch Abwesenheit. Bitte holen Sie ihn.

MÜLLER-SCHUPPEN Gab es Anrufe?

Man reicht aus dem Off Zettel herein.

SILBER Tatsächlich? Ich bin überrascht.

MATTIS Sie wollten die Nummer nochmal eingeblendet haben.

SILBER Welche?

MATTIS Seine, Groupies! Sie sehen, wir tun etwas für Ihren Freund, das wollte er doch. Wo bleibt er denn?

SILBER Regnet es?

MATTIS In fünf Sekunden sind wir wieder auf Sendung. Warum kommt er denn nicht?

REGIE *aus dem Off*
Achtung: Aufnahme. 4, 3, 3, 1, – Start!

MATTIS *der seine Fragen immer wieder hinauszuzögern ver-sucht in der Hoffnung, Brom möge zwischenzeitlich zu-rückkehren*
Herr Silber, Sie haben Brom nicht nur entdeckt, in einem einschlägigen Etablissement, wie man lesen konnte, son-dern führen auch erstmals Regie – was hat Sie bewogen, die Bühnenmitte zu verlassen, aus dem Zentrum in den Hintergrund zu wechseln? Ist es ein Freundschafts-dienst? Hat Sie Brom darum gebeten? Was wollen Sie mit dem Stück erzählen? Einem Stück, das ja nicht an Gewalttätigkeiten und Abscheulichem spart. Schadet das nicht dem Ruf des grossen Staatsschauspielers und Meisters der Nuancen, wenn er nun ans Grobschlächtige geht?

SILBER Sie haben mit Ihrer Frage nicht unrecht, das Stück tut unseren stillen Übereinkünften Gewalt an, es reisst vernarbte Wunden wieder auf und ist von einer nahezu ar-chaischen Unbedingtheit in seiner Beschleunigung der Katastrophe, die letztlich wir selber sind: Ohne Masken, unserer bürgerlichen Sicherheiten beraubt, mit dem Mes-ser an der Kehle des Nächsten. Natürlich verstört das, das soll es ja. In jedem von uns schlummert ein Täter, das mag banal klingen, ist aber in der Konsequenz, wie Hannah Arendt es genannt hat, die Banalität des Bösen. Nur wenn wir unsere Abgründe erkennen, können wir den Sturz vermeiden. Bei Brom liegt die Gewalt in der Sprache, wer sich auf der Bühne eine öffentliche Freibank erwartet, wird enttäuscht sein. Das wirkliche Schlachtfeld liegt im Kopf, in der Phantasie des Zuschauers: Er wird über sich erschrecken und dann hoffentlich lachen, was der Beginn der Erkenntnis wäre.

MATTIS Das Theater als moralische Anstalt. Hatten wir da-von nicht schon genug? Laufen Sie da nicht aussichtslos der Zeit hinterher und vor allem – läuft nicht das junge Publikum Ihnen davon, wenn Sie Schillers Zeigefinger heben? Langweilt das nicht? Hat denn nicht die virtuelle Welt des Cyberspace das Theater seiner Antiquiertheit überführt?

SILBER Wer Ihnen an die Gurgel gehen will, wird nicht vorher nach der Steckdose fragen. So virtuell die Zukunft scheinen mag, so virulent ist sie schon auf der Strasse. Da wird nicht lange getalkt, wenn Sie verstehen, was ich meine. Sehen Sie denn nicht fern?

MÜLLER-SCHUPPEN Aber mein lieber Herr Mattis, ich will hier auch auf das Entschiedendste intervenieren: Theater muss sein! Es ist geradezu eine Überlebensnotwendigkeit. Theater ist für uns alle...

BROM *der völlig durchnässt in den Sessel fällt.*
so überflüssig wie ein Kropf. Eine reine Schilddrüsenüberfunktion. Aber gut für den Hormonhaushalt. Nicht wahr, Müller-Milch, es gibt kein billigeres Bordell im Sperrbezirk der Kultur.

MÜLLER-SCHUPPEN Der alte Provokateur, klotzen und kleckern gleichzeitig, aber ich sage Ihnen, mein lieber Brom: Kotzen Sie doch nicht so romantisch. Sie machen da einen Fehler und einen Freund zum Feind, einen Verehrer Ihrer Verse zum Kritiker Ihres Charakters.

BROM Selbst, wenn man ihm in die Eier tritt, jault er noch in Alliterationen.

MÜLLER-SCHUPPEN Brom, ich bitte Sie, denken Sie an unser junges Publikum. *Beiseite* Der Mann hat sich ja völlig betrunken, er steht unter Alkohol. *Wieder laut* Aber man muss Ihnen verzeihen. Sie lieben ja das Provokative, wir wollen nicht humorlos sein, wenn auch der Humor unseres Brom bisweilen doch etwas demonstrativ unter der Gürtellinie angesiedelt ist, was ich durchaus einzuordnen weiss, ich erinnere nur an die Rüpelszenen bei Shakespeare, die für die Dramatik stets sehr befruchtend waren – ich sage nur: Schlingensief.

BROM Die Kettensäge war im Grunde eine Erfindung Shakespeares.

SILBER Das ganze Theater war eine Erfindung Shakespeares.

MATTIS Ja, ich sehe, unsere späte Sendezeit hat doch ihre Berechtigung, aber Sie liefern mir das Stichwort, lieber Herr Müller-Schuppen: Herr Brom, in Ihrem Stück vagabundiert eine Horde verwahrloster Deserteure durch eine shakespearesche Sturmlandschaft. Warum haben Sie die Rollen ausschliesslich mit Frauen besetzt, mit einem Heer von Amazonen? Was haben Sie sich dabei gedacht, Silber, wenn Sie das nun auf die Bühne bringen? Ist es der Versuch einer, wie Müller-Schuppen das ausgedrückt hat, quasi feministischen Dekonstruktion patriarchaler Rituale? Oder die Symbiose von Mars und Eros?

BROM Silber hätte sich einfach bei so vielen Männerärschen nicht konzentrieren können.

SILBER Es ist genug, Brom, draussen hat es aufgehört zu regnen.

MATTIS Lassen wir doch für einen Moment solche privaten Anspielungen, es geht uns hier ja um das Publikum, das immer noch anrufen kann: Wir blenden hier nochmals die

Nummer ein. Herr Brom wird alle Fragen zu seinem sensationellen Theaterstück gerne beantworten.

Brom streckt seinen Mittelfinger der Kamera entgegen.

MÜLLER-SCHUPPEN So ein Probenprozess bringt ja immer auch Spannungen mit sich, die ja letztlich auch produktiv für die Arbeit sein können, kathartisch quasi.

MATTIS Ich möchte die Frage aufgreifen: Ist es nicht schwer zu inszenieren, wenn Ihnen der Autor über die Schultern sieht, immer eingriffsbereit, mit Argusaugen die Arbeit mit den Schauspielern verfolgend? Vor allem, wenn es doch wie hier um einen Stoff geht, für den er einen uneinholbaren Erfahrungsvorsprung für sich behaupten kann, ja sogar Authentizität schlechthin. Oder nehmen Sie darauf keine Rücksicht? Oder übersetzen Sie seine Erfahrung nur, ich meine das nicht abwertend, in Theater, bilden Sie sozusagen quasi naturalistisch ab?

BROM Lass mal, Silber macht das schon richtig, richtig geil macht er das. Er ist mein Freund. Keiner kann meine Klaue besser lesen, mir die Mördergrube im Herzen ausheben und den Dreck auf die Bühne kippen. Silber weiss zwar nicht, wie man einem eine Kugel in den Kopf jagt, aber er weiss, wie man einen Kopf zur Kugel macht. Er hat mehr Sex als alle zusammen, und wenn die Weiber über die Bühne rennen, mach ich mir selbst in die Hosen vor Angst. Das wäre mir draussen nie passiert, logisch. Silber ist der richtige, dieser Abend wird ein Erdbeben, es lohnt sich nicht, danach die Türen zu schliessen, das Theater kracht einfach in sich zusammen und ihr bekommt endlich eine Ahnung davon, was Krieg ist, Leute.

MATTIS Starke Worte, und Sie, meine lieben Zuschauer, können entscheiden, ob Brom recht hat oder doch zuviel verspricht. Rufen Sie an. Sie können zu den Auserwählten gehören, die eine Premierenkarte gewinnen, wenn Sie jetzt noch anrufen. Hier unsere Nummer.

MÜLLER-SCHUPPEN Theater ist Anmassung, muss Anmassung sein. Und, wenn ich mir diesen Zusatz erlauben darf, unser blutleeres Theater bedarf eines solchen Faustschlags, um nicht an Herzversagen zu verenden. Man muss natürlich Broms Äusserungen metaphorisch verstehen. Amor läuft Amok. Es geht ihm ja immer um die Möglichkeiten der Liebe, gerade dann, wenn Liebe unmöglich zu sein scheint in den Zeiten der Cholerik. Man soll, ich betone das hier, seine Lyrik lesen. Ich habe das ja alles in meiner Kritik geschrieben, aber man kann nicht oft genug darauf aufmerksam machen. Seine Verse wuchern an den kaum vernarbten Schnittstellen unserer Gegenwart. Man kann sich quasi an ihnen verletzen, sie schneiden sozusagen in unser Fleisch, metaphorisch gesehen.

BROM Ja, der alte Schuppenkopp hat recht, meine Metaphorik ist schneidend. Wollt Ihr sehen, wie das geht? *Er schneidet sich die Stirn auf, Mattis will ihm ins Messer fallen, verletzt sich selbst an der Hand.* Ihr wollt doch, dass ich blute und ihr noch euere Gutenachtquote bekommt.

MATTIS Meine lieben Zuschauer, ich glaube, ich habe Ihnen nicht zuviel versprochen. Sex, Crime & Violence, und das alles öffentlich-rechtlich. Ich bedanke mich für Ihr Interesse, freue mich, wenn Sie auch das nächstemal wieder bei uns in der ersten Reihe sitzen und live miterleben, wie lebendig unsere zeitgenössische Literatur ist. Die Telefone sind bis 4 Uhr geschaltet. Wir verabschieden uns und sehen den Vorhang zu und alle Wunden offen. Gute Nacht!

Die Sendung ist zu Ende, die Kameras schalten ab.

MÜLLER-SCHUPPEN Das ist ja alles nur Theaterblut, eine Fälschung, Sie haben uns reingelegt! Mir wäre fast das Herz stehengeblieben.

BROM Schade.

MATTIS Sie haben uns reingelegt. Ich bin gar nicht verletzt.

BROM Ich kann kein Blut sehen. *Ab, dunkel.*

Bild XII
Kantine

Die Kantine in den Gewölben des Theaters sieht aus wie eine billige Dorfschenke, mit billigem, selbst gebranntem Schnaps. Die Gesichter quellen über die Tische, alles ist mit dunklem, abgeschabtem Holz vernagelt, man kann die Astlöcher sehen, den Sonnenstich der Beize, die an den Händen kleben bleibt, wenn man sich festhält im Suff. An den Fenstern hängen Edelweissgardinen mit verwaschenen Goldkanten, die Bodendielen lecken das Bier auf, das Schiff sinkt. Die Bedienungen drücken die Bierkrüge fest an ihre halbentblössten Brüste und beugen sich über die Blicke der Männer, die starr auf den Schaum blicken, bevor sie ihn nach dem ersten Schluck von den Lippen mit dem Handrücken wischen. Die Augen nur Glas, die Pupillen Bier, das in den Höhlen schwappt, umrahmt vom Weiss des Schaums: Die Krone der Schöpfung sitzt hier wie auf der Bühne eines Volkstheaters, und vielleicht spielen sie hier ja auch nur ihre Rollen weiter, stärken sich für den Mord an dem Schwarzen, der noch in der Maske wartet und rote Lippen bekommt, eine Patrone Blut ins Hemd für den Stich ins Herz. Da hocken sie, stärken sich mit Bier gegen das Wasser der Bühne, das Bier sein soll und schmeckt wie Apfelsaft, warten, um die Langeweile zu proben, murmeln Sätze vor sich hin, die sich kein Mensch merken kann, und träumen von besseren Tagen, denken sich, das kann es doch nicht gewesen sein. Immer wieder schrecken sie aus ihrer Trance auf, heben den hypnotisierten Blick, wenn plötzlich eine Frau den Raum betritt, zum Ausschank eilt und eine Cola bestellt oder schwarzgewandete Traumtänzer ihre gedankenschweren Köpfe einander auf die Schultern legen und sich wortreich missverstehen. Plötzlich Stille, als Brom den Raum betritt, ein langgezogenes, feindliches Schwei-

gen, Hände, die ihre Gläser festhalten, Blicke, die die
freien Stühle besetzen, Gesten, die rebellieren. Brom fühlt
sich wohl, grüsst die Runde, streicht den Männern übers
Haar, greift nach Krügen, trinkt, geht zum Ausschank,
spendiert eine Runde Schnaps für alle, setzt sich in eine
Ecke und sieht gelassen zu, wie die Schnapsgläser auf den
Tischen stehenbleiben und keiner sie anrührt und doch leer
säuft mit den Augen. Brom lässt sich nicht irritieren, geht
zur Jukebox, kauft sich ein paar Schlager und singt die
Schnulzen provozierend laut mit, schnalzt mit der Zun-
ge und lacht, lacht, bis Silber zu ihm kommt, gefolgt von
Hanna, der Schauspielerin, die völlige aufgelöst ist und
permanent auf Silber einredet, während sie sich Brom nä-
hern. Die Kantine empfängt sie mit Erstaunen, doch die
beiden grüsst man, widerwillig, aber mit Respekt. Silber
bestellt, während Hanna in ihrer Wut gerade Luft holt,
Wein, setzt sich zu Brom, trinkt hektisch. Hanna steht
vor ihnen, für einen Moment fassungslos. Eine Pause, sie
schweigen, bis der Lautsprecher die Schauspieler und Tech-
niker zur Bühne ruft. Der Raum leert sich, fast sind sie al-
lein, und das Schiff sinkt weiter.

HANNA Nein, ich werde das nicht spielen, auf keinen Fall,
nein, das mache ich nicht, Silber, da kannst du dich auf den
Kopf stellen, nie im Leben, nein, das kann ich nicht, ich
steige aus, wenn du drauf bestehst, steige ich aus, ich oder
das Pferd, du musst dich entscheiden, nein, nein, ich kann
das nicht, das widert mich an, ich bin doch sonst für alles
offen, du weißt das, Silber, wir haben doch damals, aber
nein, das kann ich nicht, das will ich nicht, schaff das Pferd
von der Bühne, dieser Gestank, mich ekelt einfach fürch-
terlich, dieses schöne Tier, du hattest von einer Attrappe
gesprochen und dann dieses tote Fleisch, nein, das ist ab-
stossend, weisst du, ich hatte früher selbst ein Pferd, als ich
ein Mädchen war, nein, ohne mich, seid ihr denn jetzt total

verrückt, das hält doch keiner aus, diesen Leichengestank, das arme Tier, nein, ich schmeiss alles hin, ihr seid verrückt, das könnt ihr doch nicht machen mit mir, das Pferd oder ich, es liegt an euch, wie könnt ihr mir das nur zumuten, ich, ich kann es einfach nicht fassen, komm auf die Probe und da liegt dieses Pferd, ich denke, nein unmöglich, tut mir leid, ihr müsst völlig durchgedreht sein, nein ich …

BROM Wie hiess das Pferd?

HANNA Wie, was meinst du, was weiss ich, wie dieses tote Tier heisst, mir ist ganz schlecht.

BROM Dein Pferd, was für einen Namen hatte es?

HANNA Beauty.

BROM War es schön?

HANNA Ja, ein wunderbares Tier.

BROM Schwarz.

HANNA Schwarz, ja –

BROM Du hast es geliebt?

HANNA Natürlich habe ich es geliebt.

BROM Wie alt warst du da?

HANNA Zwölf, ja, zwölf glaube ich. Was willst du eigentlich, warum fragst du mich das alles. Auf der Bühne liegt ein totes, geschlachtetes Tier, und du fragst mich nach Beauty. Wie kannst du!

BROM Ich hatte auch ein Pferd, es hatte langes, blondes Haar und Augen aus Wind.

HANNA Du, du hattest ein Pferd?

BROM Ich habe es geliebt.

HANNA Und von mir, von mir verlangst du, dass ich ein totes Tier häute, auf offener Bühne. Du Sadist, was hast du mit deinem Pferd gemacht?

BROM Erschossen.

HANNA Was?

BROM Ich habe es erschossen.

HANNA Wie konntest du nur, du Schwein.

BROM Weißt du, was es bedeutet, sein Pferd zu erschiessen, ihm dabei wie einem Freund in die Augen zu schauen und zu warten, bis der Wind aus ihnen weiterzieht?

HANNA Nein, wie sollte ich, was soll das, du hast es getötet, warum?

BROM Es hat mir das Herz gebrochen.

HANNA Und dann hast du es umgebracht?

BROM Es lahmte.

HANNA Aber das ist doch kein Grund, man hätte es doch bestimmt retten können.

BROM Es war schön wie du. Sein Haar war blond wie deins.

HANNA Wie konntest du das tun?

BROM Das verstehst du nicht?

HANNA Nein, verdammt noch mal, nein!

BROM Dann häute das Pferd, und du wirst mich verstehen.

HANNA Wie, nein, ich werde nicht, wie meinst du das?

BROM Häute das Pferd, weine dabei, wenn du willst.

HANNA Nein, ich verstehe noch immer nicht, was soll das?

BROM Du hältst Beauty in den Armen.

HANNA Du bist pervers.

BROM Du musst töten, was du liebst, nur die Trauer hält dich am Leben.

HANNA Silber, sag doch was, ich versteh ihn nicht, der spinnt doch total.

SILBER Er,

BROM *streift mit seinen Händen durch Hannas Haar, spricht ganz ruhig, fast beschwörend ruhig.*
Hanna, dein Haar ist schön, ich mag es, wenn der Wind mit vollen Händen nach ihm greift. Deine Augen sind klug und blau wie das Meer, dessen Wellen deine Wimpern schlagen. Du erinnerst mich an eine wundervolle Nacht. Soll sie denn schon enden?

HANNA Brom, ich,

BROM Willst du meine Liebe verstehen?

HANNA Deine Liebe?

BROM Dann häute das Pferd, und du verstehst den Krieg, und wie er sie zerstört.

HANNA Nein, ich kann nicht. Brom, sei doch vernünftig.

BROM Nur der Regen hat Vernunft.

HANNA Ich halte das nicht aus, ich werde verrückt. *Sie will gehen, Brom hält sie an ihrem Haar fest.* Du tust mir weh, lass mich los.

BROM Schenk mir dein Haar.

HANNA Lass mich los, ich schreie.

BROM *schneidet ihr mit einem Rasiermesser das Haar, so dass er es in seiner Hand behält, worauf sie ihn ins Gesicht schlägt.*

HANNA Du Schwein.

BROM Jetzt verstehst du mich, bleib bei mir. *Sie läuft davon.*

Silber und Brom schweigen lange, trinken.

SILBER Warum warst du nicht auf der Probe?

BROM Der Abend ist so warm.

SILBER Und mich lässt du im Regen stehen.

BROM Bleib noch eine Stunde.

SILBER Du spinnst, in zehn Minuten geht's weiter, wenns überhaupt noch geht.

BROM Sie kommt zurück. Eine Stunde. Dann gehe ich mit. Du weißt doch, dass ich dich liebe. *Er streicht ihm über die Haare.* Du hast ein schönes Haar, strohblond wie der Sommer.

SILBER Wenn uns wegen deiner Hurerei noch eine Schauspielerin abspringt, können wir das Ganze hier abblasen. Du musst sie beruhigen, entschuldige dich. Ich weiss nicht mehr, was ich tun soll, ich schaff das nicht mehr alleine.

BROM Hast du diese Menschen hier gesehen?

SILBER Ich seh hier keine Menschen, wir sind im Theater, ein Monster wie du reicht mir.

BROM Man riecht den Mist der Felder bis hier herunter. Mit Mistgabeln sollte man das Stroh in ihren Köpfen stechen, ihre Milzbrände mit Schnaps löschen.

SILBER Du bist im falschen Stück, Brom. Morgen ist Generalprobe, und dein Amazonenheer streikt.

BROM Lass die Furien walten, Silber, soviel ich weiss, gibt es in der Natur Kraft bloss und ihren Widerstand, nichts Drittes.

SILBER Was Glut des Feuers löscht, löst Wasser siedend zu Dampf nicht auf und umgekehrt.

BROM Doch hier, schau mich an, zeigt ein ergrimmter Feind
von beiden sich, bei dessen Eintritt nicht das Feuer weiss,
obs mit Wasser rieseln soll, das Wasser, obs mit dem Feuer
himmelan soll lecken.

SILBER Kleist beiseite, wir haben ein Problem, Brom.

BROM Mach dir keinen Kopf wegen diesen komatösen
Waschlappen, wir haben schon andre hirntote Bauchred-
ner mit den Mägen knurren lassen. Du willst sie doch nicht
etwa zum Denken verführen: Lass diesen altlinken
Quatsch. Wer zahlt, will Ärsche sehen und sich dann auf-
regen über die Scheisse, die er auf der Bühne sieht. Wir
sollten auf ihre Herzschrittmacher zielen: Stillstand ist
Fortschritt.

SILBER Hier ist es bald stiller, als du es dir je gewünscht hattest.

BROM Die Stille vor dem Sturm. Alles läuft nach Plan, sei
ganz ruhig. Wenn sie alle aussteigen, gehen wir beide auf
die Bühne, ziehen uns Kleidchen an und Stöckelschuh und
strippen den Text zu Ende. Es gibt nur Falsches im Falschen. Das kommt gut an, glaub mir. Es kann nichts schief-
gehen. Wir können machen, was wir wollen. Wir haben sie
in der Hand, und dann zerquetschen wir ihr Vertrauen.

SILBER Woher nimmst du diese Sicherheit?

BROM *während er spricht, versucht er, Silber auszuziehen,*
zieht ihn zu sich, stösst ihn ab, spielt mit ihm, der ihm selt-
sam verfallen scheint.
Du gibst sie mir. Ich möchte mit dir schlafen, Silber, dir
den Grünspan von den Backen kratzen. Ich will mit dir
während der Premiere schlafen, dich lieben bis zum Ap-

plaus, dich ficken, bis sie jubeln und wir kommen. Dann geh ich an die Rampe, knöpf mir die Hose zu und sie mir vor, zünd mir in aller Ruhe eine Kippe an, warte, bis sie sich ausgeschrien haben, zeige ihnen meinen schönsten Finger und erzähle ihnen dann, dass ich Andreas Müller heisse, Pferde und Goldhamster liebe, noch nie eine Waffe in der Hand hatte und sie doch eigentlich alle schrecklich ins Herz geschlossen hätte, wenn sie nicht so dumm und auf einen wie mich hereingefallen wären. Dann reiss ich mir mein weisses Hemd vom Leib und dank ihnen, danke ihnen und verschwinde hoch auf dem gelben Wagen, und schreib ein Buch, wies war, ein Söldner zu sein. Und du bist ein Held, ein Held, denn es war deine Idee. Du bist der Netzbeschmutzer. Sie werden dir aus Dank ein eigenes Nest bauen, dich als Retter feiern: There he comes, John Wayne. It's a b-movie, my friend. Oder sie gehen in grimmiger Beschämung heim und sehen uns, die ihre Schmach von fern her, hohnlächelnd erraten und sich im Triumph sammeln. *Er will Silber küssen, doch plötzlich sehen sie Hanna, die zurückgekehrt ist. Sie hat ihren Kopf kahl rasiert und wirft Brom ihre Haare vor die Füsse.*

HANNA Hier hast du deine Liebe.

Bild XIII
Garderobe

Die Garderobe: Eine schäbige Müllkippe entsorgter Träume, Requisiten- und Folterkammer all der Aberglauben, die die Schauspieler vor ihren Auftritten verfolgen, viel Sperrholz, auf das man klopfen kann, ein Fundus abgespielter Rollen, deren Geister endlos ihre Hänger wiederholen und mit den Mündern an den Plakaten hängend vergilben, Spiegel, die das ganze Elend verdoppeln und mit Lippenstift bemalt sind: Toi toi toi. Die Schminktische sind überfüllt mit Premierengeschenken, Coladosen, Stofftieren und falschen Freundlichkeiten und der einzigen Rettung gegen die Nervosität, das Zittern der Gegenstände: Whisky, mit Schleifchen um den Flaschenhals und Kärtchen dran, die witzig sind und doch nur trostlos wie die einzige Glühbirne, die noch halbwegs funktioniert und den Raum in ein mildes Licht taucht, das das Vergessen einfacher macht. Über der Tür klebt ein Monitor, auf dem man in einer unscharfen Totalen das Geschehen mühsam oder gnädigerweise kaum mitverfolgen kann. Der Lautsprecher spuckt verzerrt den Text in den Raum, man kann ihn abschalten, Gott sei Dank, oder sich, wenn man mag, von der Stimme des Inspizienten terrorisieren lassen, seiner aufgesetzten Kommandokomik, die erbärmlich knistert in den aufgeblasenen Backen der durchgeknallten Bassmembrane. Brom und Silber sind alleine in der Garderobe. Silber in feinem Stoff, Brom in abgerissenem Leder. Sie trinken, leeren die Flaschen. Brom zündet sich seine Zigaretten mit den Glückwunschkarten an, schaltet den Lautsprecher aus, wirft den Cassettenrecorder an, dreht auf, Kiss: I was made for loving you. Dann beginnt er langsam, sehr langsam, fast zu langsam, sich auszuziehen, und summt die Zeilen mit. Er wirkt ruhig, cool, abgeklärt, während Silber so nervös durch den Raum irrt, als würde er jeden Moment anfangen, seine Fingernägel zu kauen, Premierenfieber eben. Die Vorstellung scheint ihrem Ende zuzugehen, Silbers Hände zittern.

BROM Was ist los mit dir, Silber?

SILBER Nichts.

BROM Hast du Angst?

SILBER Nein, ich

BROM Dir zittern die Hände.

SILBER Was interessieren dich meine Hände. *Er steckt sie in seine Hosentaschen.*

BROM Mich interessiert, wie sie zittern, wie sie jetzt in deiner Hose tanzen.

SILBER Ich bin etwas nervös, ja. *Seine Nervosität überträgt sich auf seine Blicke und Aufmerksamkeit, er weiss nicht, worauf er sich konzentrieren soll: Broms Slow-Motion-Striptease oder das Bühnengeschehen auf dem Bildschirm.*

BROM Vergiss einfach, was dort draussen passiert, schau auf mein weisses Hemd, wie der Vorhang langsam sich öffnet, stell dir was vor und stell dir vor, auf der Glotze da oben läuft nur irgendein perverser Porno, um uns etwas anzuturnen mit der Scheisse, die dort quillt. Stell deine Pupillen auf halbe Geschwindigkeit, und du wirst sehen, es kommt schon viel cooler. Gib mir deine Hand, ich möchte deinen Schweiss in meinen Handflächen spüren.

SILBER Brom, ich kann nicht. *Er legt seine Hände in Broms. Brom führt sie an die Knöpfe seines Hemdes und beginnt mit ihnen sich auszuziehen.* Ich glaube, wir haben einen Fehler gemacht. Wenn sie uns vernichten, haben wir verloren, und alles war umsonst. Wir hätten ihnen eine kitschige Scheisse vorsetzen sollen, so wie sie es lieben. Einen richtigen Guerillera-Bolero, damit hätten wir ihnen die Masken vom Gesicht reissen können, wenn sie zum Schlachten schunkeln. Wie kannst du nur so ruhig sein.

BROM Ich liebe deine Hände, sie sind zart wie ein Lufthauch, wie ein Engel, der dich mit seinen Wimpern küsst. Du hast intelligente Hände, Silber, sie zittern, als schrieben sie Noten auf die Sohlen des Winds. *Er legt Silbers Hand auf sein Herz.* Sieh doch, wie du mein Herz in ihren Gliedern schlagen spürst, wie sie zittern im Beat meiner Pumpe. Lass sie wandern, lass sie auf meinem Körper zittern, wie eine Band Aale sollen sie auf meiner Haut im Trocknen schwimmen. Bis es regnen wird und ich komme.

SILBER Willst du wirklich beim Schlussapplaus,

BROM Keine Angst, ich bring das schon.

SILBER Und wenn sie dich ausbuhen?

BROM Lass ich die Hosen runter wie jetzt, komm. Was bist du so ängstlich, ich hab dir doch alles erklärt: Sie werden mich lieben. Ich habe alles arrangiert.

SILBER Wie, arrangiert?

BROM Schau, jetzt häuten sie das Pferd, und ich zieh dir die Angst vom Leib.

SILBER Was hast du getan?

BROM Du bist mein Regisseur, ich der deine, das ist alles.

SILBER Mein Regisseur, wie meinst du das?

BROM Ich meine, dass ich dich küssen will. *Er küsst ihn.*

SILBER Was hast du getan, was für ein Spiel läuft hier?

BROM Ich verteidige die Lüge.

SILBER Welche Lüge?

BROM Deine.

SILBER Ich versteh dich nicht.

BROM Du wirst mich verstehen.

SILBER *er reisst sich aus Broms Armen.*
Sag mir jetzt endlich, was hier gespielt wird.

BROM Brom.

SILBER Brom!

BROM Ja, das Brom sucht sich sein Silber und entwickelt
meinen Film. Ich liebe das, wenn du so empfindlich bist.
Das Licht hier steht dir gut.

SILBER Hör endlich auf, hier in Rätseln zu sprechen, was
wird passiern? Du wirst mich doch nicht hängenlassen?

BROM Aber nein doch, wir bringen das Ding hier schon zum Stehen.

SILBER Brom, mir ist jetzt nicht nach Spässen zumute. Wirst du auf der Bühne sagen, dass alles nur ein Fake war? Brom, du treibst doch kein doppeltes Spiel!

BROM Ganz ruhig, Silber, ganz ruhig. Ich möchte es mit dir treiben, der Rest interessiert mich nicht, vergiss es, was zählt, bist du. *Er wirft mit einer Coladose nach dem Bildschirm, verfehlt ihn.* Ich treff schon. *Mit der nächsten trifft er ihn, die Röhre platzt.* Du sollst dir keine Bilder machen, Silber. Alles läuft nach Plan, ich habe es dir gesagt, was ist nur los mit dir, so nervös kenn ich dich gar nicht. Komm jetzt.

SILBER Welcher Plan, verdammt noch mal, welcher Plan?

BROM Dich zu verführen, auf der Bühne stehen sie jetzt nackt im Blut, und du läufst immer noch in deinem Hemd rum. Ich will mit dir schlafen, Silber. Wir müssen unsere Geschichte zu Ende bringen.

SILBER Ich hasse dich, Brom.

BROM Du liebst mich.

SILBER Nein.

BROM Du liebst mich, deine Hände verraten dich.

SILBER Nein, Brom, du verrätst mich. Ich gehe jetzt raus und breche das Ganze ab.

BROM Du bleibst. *Er hält ihn fest, drückt ihn an sich.* Es ist unsere Nacht, Silber. Ich liebe dich. Ich habe alles nur für dich gemacht, nur für diese Nacht, für diesen Augenblick. Ich will, dass du mich liebst, Silber, sonst war alles umsonst. Warum verstehst du mich nicht? Verdammt noch mal, schau mir in die Augen, schau mir in die Augen, Silber, kleiner Silber, sie lieben dich.

SILBER Du liebst nur dich.

BROM Auch so liebe ich dich, ich bin deine Erfindung, hast du das vergessen?

SILBER Andree.

BROM Brom.

SILBER Andree, lass uns jetzt einfach gehen, wir hauen ab. Ich habe genügend Geld, es reicht für uns. Wir lassen sie warten und verabschieden uns. Ich kann hier nicht mehr leben. Wir rufen die Presse an und schauen uns ihr Entsetzen dann im Fernsehen an, irgendwo, wo wir gerade sind. Lass uns neu anfangen, Andree.

BROM Küss mich.

SILBER Du kommst mit mir?

BROM Küss mich, ich hab die Worte satt, ich will deinen Mund.

SILBER Andree, antworte mir.

BROM Nimm mich. Nimm Andree mit dir.

*Brom zieht Silber zu sich, fast brutal, dann wieder zärt-
lich. Silber ist noch etwas verunsichert, weiss nicht, ob er
ihm vertrauen kann, vertraut ihm dann, lässt sich auf das
Liebesspiel ein. Sie ziehen sich aus, beginnen, sich heftig zu
umarmen. Man hört von draussen ein hektisches Treiben,
das Finale der Aufführung, plötzlich tosenden Applaus,
der bis in die Garderobe drängt.*

SILBER *während sie sich noch lieben.*
Andree, Andree, wir

BROM Brom, Brom, Silber, Brom.

SILBER Du Schwein, du Schwein, nein. *Er versucht sich von
Brom zu befreien, doch dieser hält ihn fest, widersteht mit
seiner Kraft Silbers Fluchtversuchen, die Liebesszene verwandelt sich in einen Kampf. Silber kann sich nur mühsam
etwas freikämpfen, schlägt Brom. Brom schlägt zurück,
fängt an, Silber zu würgen.*

BROM *während er Silber würgt.*
Brom, Brom, Silber, Brom. *Der Applaus wird lauter, tobt.
Brom würgt Silber immer heftiger, scheint die Kontrolle zu
verlieren. Silber wehrt sich immer weniger, seine Arme fallen zu Boden. Die Tür wird aufgerissen. Black. Der Videoscreen glüht auf.*

Bild XIV
Afrika II

Auf dem Videoscreen: Eine Bar, eher ein Bretterverschlag, irgendwo in Afrika, das Bild ziemlich verwaschen, voller Fehlfarben, denen die Hitze zusetzt und den Schweiss auf die Haut treibt, ein kläglich retuschierter Postkartensonnenuntergang, dem die Puste ausgeht und der sich ausruhen muss auf den Wellblechdächern der Hütten im Hinterland des Horizonts, der sich krümmt vor Müdigkeit und sein Sehnsuchtslied pfeift, eine Musik, die mit dem Wind weht und nach Regen schreit, der nicht kommen wird. Auf den Dielen der Bar Sand, eine Menge Sand, eine Menge Zigaretten, auf die Stiefel treten, Soldatenstiefel, eine Menge Soldatenstiefel, dazwischen ein paar Stöckelschuh, die fast zärtlich, zerbrechlich hier wirken. Über dem Boden Männergesichter, kalt, besoffen, hart im Blick, entschieden in ihren Gesten, Gesichter mit dem Charme von Metall und der Verzweiflung des Siegers, der nicht weiss warum, nicht weiss wozu. Dazwischen das gekaufte, ängstliche Lächeln der Mädchen, ein bisschen Stoff auf ihrer glatten schwarzen Haut, die sich beschmutzen lässt vom Weiss der Hände, rauhen Händen, die vergessen wollen, wenn sie sich in ihr Fleisch graben und die Gläser auf der Theke stehen lassen und die Hitze sich vollaufen lassen kann und auch der Staub einen Schluck Absinth abbekommt. An einem der beiden Tische sitzt Brom, auch er in Uniform, ein Soldat, man erkennt ihn erst spät, er schreibt in ein kleines Büchlein, spitzt seinen Bleistift mit dem Bajonett, trinkt vor jedem Wort, nach jedem Wort, wirkt völlig fremd und isoliert mit seinem Tun. Die anderen nehmen ihn kaum wahr, und wenn, lächeln sie, schicken ihm Frauen an den Tisch, die er küsst, dann wegschiebt, weitertrinkt, weiterschreibt. Manchmal bewegt er beim Schrei-

ben die Lippen, als spräche er die Worte mit, als wäre ihm
seine Sprache fremd geworden, als müsste er sich nach-
schmecken, hochspülen mit Absinth. Ein trauriger Ritter,
dessen Augen auf das Rotorblatt des Ventilators starren,
die Kämpfe sind verloren, er ist allein, lächelt manchmal,
als erinnere er sich, nimmt einen Schluck, zögert und
schreibt die Erinnerung auf. Als einziger trägt er statt der
Uniformjacke ein durchschwitztes weisses Hemd, ein
Formfehler, aber keiner nimmt das hier zu genau, jeder hat
hier seinen Tick, nur Brom hat zwei, er dichtet, ein Tick
zuviel, die Stimmung wendet sich allmählich gegen ihn, ir-
gendwie provoziert er. Nur die Sonne interessiert das nicht,
sie hat die Postkarte zerknüllt und verabschiedet sich aus
der Szene.

SOLDAT *setzt sich zu ihm, eine Flasche in der Hand*
Was schreibst du da, du willst uns doch nicht anschwär-
zen, oder?

BROM Verzieh dich.

SOLDAT Der Herr denkt wohl, er sei was Besseres in seinem
weissen Hemd.

BROM Bitte, lass mich allein, schnapp dir eine und lass mich
in Ruhe.

SOLDAT Trink mit mir!

BROM Bist du taub?

SOLDAT Trink mit mir, sonst blas ich dir dein Hirn weg. Wir
können hier keine Spitzel gebrauchen.

BROM Ich ein Spitzel?

SOLDAT Du schreibst, zeig mir dein Buch.

BROM Das geht dich nichts an.

SOLDAT Mich geht hier alles an oder willst du, dass wir deinen kleinen schwulen Arsch den Ameisen vorsetzen. Du wärst nicht der erste.

BROM Du suchst Streit.

SOLDAT Nein, ich will nur lesen, was du dort in dein Buch schmierst.

BROM Hätt ich dir nicht zugetraut, dass du lesen kannst.

SOLDAT Mein ABC heisst: ich werde mit dir fertig werden. Jetzt gib das Teil schon her.

BROM Warte. Wie heisst du?

SOLDAT Das interessiert hier nicht. Nenn mich Silber, das reicht.

BROM Silber?

SOLDAT Für Gold hats nicht gereicht. Das Buch.

BROM Gleich, warte, wie kommst du zu diesem Namen?

SOLDAT Man stellt hier solche Fragen nicht, die Vergangenheit ist vergangen, das musst du lernen, wir leben hier nur in der Gegenwart. Erzähl mir bloss nicht deine Geschichte, du bist Brom, das reicht mir völlig. Dein echter Name interessiert nicht, deswegen bist du ja hier, oder bist du nur so ein kleiner romantischer Abenteurer, der in die Hosen macht, wenn er das Blut sieht und einem die Kehle durchschneiden muss? Sähe dir ähnlich, oder hat das Muttersöhnchen etwa einen umgebracht? Egal, *lacht* man kann sich ganz wohl fühlen unter Mördern. Verstehst du mich? Jetzt zeig schon her, sonst verlier ich die Geduld.

BROM Du denkst wohl, ich hätte Angst vor dir, weil du bisschen mit deinen Muskeln spielst.

SOLDAT Wenn du so weitermachst, hast du allen Grund dafür.

BROM Du gefällst mir, deine stahlblauen unerbittlichen Augen, dein blondes Haar erinnern mich an einen Freund.

SOLDAT Lass deine schwulen Märchen, das läuft hier nicht: Ärsche ficken, hier wird einem nur in den Arsch gefickt, wenn er sein Maul zu weit aufreisst. Ist das klar, Weichei?

BROM *er gibt ihm das Buch, hält ihm unter dem Tisch ein Messer an die Genitalien.*
Wenn du lachst, schneid ich dir die Eier ab.

SOLDAT Vorsicht, Kleiner, sonst verletzt du dich noch. *Er liest, liest leise vor.* ›Töten ist mein Geschäft, / Liebste, / es gibt nun mal Menschen, / deren Wert steigt / mit 'ner Kugel im Bauch. / Du solltest sie sehen, / dieses Glück in den Augen / im letzten Moment / die Hose krachend voll / wie sie abstinken / selig geradewegs in den Himmel /.‹ Ein Dichter, sitzt hier und schreibt sein Herz in den Staub, mir kommen die Tränen.

BROM Halts Maul, ich hab dich gewarnt.

SOLDAT *blättert weiter, liest vor*
›Eine Flasche Absinth für die Nacht. / Wer heute noch lebt, / liebt den Rausch und den Tod.‹ Starke Worte, darauf muss ich erst mal einen Schluck nehmen, so berauscht bin ich. *Laut an alle.* Hey, hört mal zu, wir haben hier einen kleinen schwulen Dichter unter uns!

BROM Ich bring dich um. *Will ihm das Buch aus der Hand reissen, doch der Soldat ist schneller, reisst die Blätter aus dem Buch, gibt sie einem anderen, der sie an die restlichen Soldaten in der Bar verteilt. Sie alle lesen höhnisch, Schauspieler nachäffend und mit grösstem Vergnügen, Zeilen aus den Gedichten. Sie fallen sich gegenseitig ins Wort, lachen. Der erste Soldat hält Brom in Schach, der immer mehr in sich zusammenfällt.*

ZWEITER SOLDAT ›Wir lieben die Tiefe, / die Tiefe der Wunden.‹

DRITTER SOLDAT ›In den Steppen der Wüste.‹

ZWEITER SOLDAT ›Eine zärtliche Linie aus blutigem Darm.‹

DRITTER SOLDAT ›Gefangen sind wir und / Gitter um uns aus Bajonetten.‹

VIERTER SOLDAT ›Wer morgen noch lebt‹ /

DRITTER SOLDAT *fällt ihm ins Wort:*
›verrottet in den Bordellen‹

VIERTER SOLDAT Ha, das ist gut. Lies mal. *Er zwingt eine der Prostituierten, die Zeile zu lesen.*

AFRIKANISCHE PROSTITUIERTE ›Und die Neger denken noch / wer wird unsere Weiber besteigen.‹ *Alle lachen, berauschen sich an ihrem Hohn.*

SOLDAT Ruhe, hört euch das an: ›Alle Huren kennen schon / meine Narbenhände mit der Gier / nach reinem Fleisch. Am Ende / der Strasse seh ich dein Bild, / mein Messer in deinem Gesicht.‹ Ist das nicht saukomisch?

Brom hält es nicht mehr aus und springt ihn, das Messer in der Hand, an. Während Brom ihn nur am Arm streift, hat ihm ein anderer Soldat von hinten die Kehle durchschnitten. Brom liegt am Boden, röchelt.

SOLDAT *lächelnd:*
›Am Ende der Strasse / bleibt jeder allein.‹ Wie recht du hattest, Kleiner.

Der Videoscreen erlischt, die Farben verschwinden, die Bühne erhellt sich.

Bild XV
Premierenfeier (Schluss)

Premierenfeier in der Villa der Mäzenatin, wir kennen das Etablissement. Schon wieder fällt das Mondlicht, das sich auch einmal etwas Abwechslung gewünscht hätte, fahl auf die gleichen Gesichter. Auch der Abendwind ist wieder da, man kennt sich: Die Flugzeuge fliegen vorbei, die Scheinwerfer leuchten, die Bilder hängen, der Stahl trägt die Galerie, die Treppe die Menschen, die nach oben wollen, wo nichts ist ausser der Nacht, die ihre Nase an die Scheiben presst und draussen bleibt. Nur die Büste der Mäzenatin ist verschwunden, niemand vermisst sie. Eine überdimensionale Videoleinwand hat sie abgelöst, auf der sich das geschönte Konterfei der Mäzenatin kaleidoskopartig in immer neuen Variationen figuriert. Die Menschen trinken Champagner, schlürfen das Fleisch aus den Hummerschwänzen und reden sich wichtig, alles wie gehabt. Man wartet auf die Künstler, ein Bonmot auf den Lippen, plaziert sich geschickt und wie beiläufig so in der Nähe der Tür, dass man ihnen als einer der ersten seine Bewunderung ausdrücken darf in ihren feuchten Händen. Die Erwartung steigt, die ersten Schauspielerinnen laufen ein, man umarmt sie, noch wird nur dezent geklatscht, die Dramaturgie verlangt es, denn Brom und Silber fehlen noch. Ein Gerücht erobert mit den Künstlern den Raum, die Spannung steigt, selbst der Wind bläst nun ein wenig nervöser, kühlt die durchlauferhitzten Augen und säuselt Vermutungen. Wird Silber kommen? Er kommt, sieht schlecht, mitgenommen aus, man hat ihn beim Applaus schmerzlich vermisst, er wird mit Bravi begrüsst, selbst die Videoleinwand stimmt da ein: BRAVO blinkt sie, BRAVO.

MÄZENATIN Bravissimo, Silber, Bravissimo. Ich bin begeistert.

SILBER Wo ist Brom?

INTENDANT Glückwunsch, Herr Silber, dieser Abend hat mich sehr berührt, auch verstört. Ich bin Ihnen dankbar.

MÜLLER-SCHUPPEN Silber, ein fulminantes Regiedebüt. Eine geradezu eruptive Ekstase hat uns erfasst und mitgerissen.

SILBER Wo ist Brom, wo ist der Kerl?

INTENDANT Aber mein lieber Silber, trinken Sie doch erst einmal ein Glas Champagner.

MÄZENATIN Ich muss Ihnen sagen, dass es mir eine Ehre...

MÜLLER-SCHUPPEN – ... und ein Geschäft...

MÄZENATIN ... und *lachend* ein Gewinn war, Ihre Arbeit mit meinen bescheidenen Mitteln zu fördern.

MÜLLER-SCHUPPEN Das Theater als Geldwaschanlage. Eine schöne Schlagzeile wäre das.

MÄZENATIN Herrn Müller-Schuppen beliebt es heute auf meine Kosten zu scherzen, Silber. Ich kann es mir leisten.

EMILIE Sie sehen so mitgenommen aus, Silber. Haben Sie Kopfschmerzen, soll ich Ihnen ein Aspirin bringen lassen?

MÄZENATIN Der Erfolg, meine Liebe, ist der grösste Aus-
beuter.

SILBER Danke, geht schon, wann kommt Brom?

INTENDANT Es war rührend von Brom, wie er Sie entschul-
digt hat, das Publikum extra für Sie in absentia applaudieren liess.

MÜLLER-SCHUPPEN Also wirklich, Silber, diese falsche Be-
scheidenheit!

MÄZENATIN Sie sollten sich besser verkaufen, Silber. Ich be-
rate Sie gern.

*Gil Mattis betritt den Raum, er nimmt sich ein Glas und
geht zu Silber, er lächelt ein wenig süffisant.*

MATTIS Ah, Silber, meine Hochachtung, ein grosser Erfolg
für Sie. Schade, das mit Ihnen und Brom, aber sicherlich
nur eine temporäre Verstimmung, die Laune des Genies.

EMILIE Was ist passiert?

SILBER Woher wissen Sie?

MATTIS Ich habe Brom soeben im Fernsehen interviewt, wir
können es gleich sehen.

SILBER Was hat er gesagt, Brom, hat er es enthüllt?

MATTIS Sie reden in Rätseln, Silber. Oder meinen Sie mit
Enthüllung seinen neuen Stücktitel?

SILBER Neues Stück? *Er lächelt angeschlagen, trinkt sein Glas ex, nimmt sich ein neues Glas, das er wiederum in einem Zug trinkt.*

INTENDANT Ein neues Stück, das müssen wir machen. Nach diesem Erfolg!

MATTIS *zu Silber*
Seien Sie beruhigt, ich bin mir sicher, dass es sich nur um eine temporäre Laune handelt. Er wird früher mit Ihnen wieder zusammenarbeiten, als Ihnen lieb ist.

SILBER Haben Sie ein Mikrophon?

MÄZENATIN Wir haben mit einer Ansprache gerechnet. Ich freue mich, dass Sie sich wieder gefangen haben. Die Anspannung muss ja auch unmenschlich gewesen sein. Meine lieben Gäste, bitte schenken Sie Herrn Silber Ihre Aufmerksamkeit. Einer unserer grössten Schauspieler hat heute bewiesen, dass er auch zu den ersten Regisseuren dieses Landes zählt. Ich habe Silber immer geschätzt, vor allem sein leidenschaftliches Spiel, seine atemberaubende Verwandlungskunst und nicht zuletzt seinen ausnehmenden Sinn für Humor. Nehmen Sie unseren Dank dafür entgegen, Silber. Bitte.

Tosender Applaus. Silber zögert zunächst, ringt um Worte, entschließt sich, spricht.

SILBER Meine Damen und Herren, was Sie heute abend gesehen haben, war ein Spiel – wirklich ein Spiel, es war uns ernst damit. Alles war falsch, Fake, eine Erfindung. Es gibt keinen Autor namens Brom. Er ist eine Erfindung. Er heisst mit bürgerlichem Namen, lachen Sie nur, Andreas Müller. Er war nie ein Söldner, sondern ist ein ausgemachter Feigling. Weil er hier als Dichter nicht ankam, ist er nach Afrika ausgewandert, und ich habe ihn dort von der Müllkippe geholt. Ich habe ihm das Stück, mein Stück, auf seinen Leib geschrieben, doch jetzt ist diese Null zu feige, um die Wahrheit zu sagen. Deshalb tue ich das hiermit: Brom ist Betrug, ihr seid auf eine Fälschung hereingefallen und habt bekommen, was ihr verdient. Die Welt wird über euch lachen – ihr wart nur Statisten – ich danke für die Mitarbeit und freundliche Kulisse. Die Party ist zu Ende. Gehen sie nach Hause. *Er lacht hysterisch, wirft sein Glas auf den Boden.*

DIE PARTYGÄSTE Bravo, Bravo. *Alles lacht.*

MÄZENATIN *am Mikro*
Habe ich Ihnen zuviel versprochen, ein Komiker wie er im Buche steht, danke Silber. Bravo, Bravo.

SILBER Aber es ist wahr! Ich habe die Wahrheit gesagt!

MÜLLER-SCHUPPEN Wirklich, intelligent, muss ich zugeben, nicht ohne Schärfe.

SILBER Es ist die Wahrheit, die Wahrheit, Brom ist meine Erfindung.

Alle lachen immer mehr, je hilfloser Silber wird, je drängender er seine Behauptung wiederholt.

INTENDANT Hören Sie auf, Silber, ich habe schon Bauchschmerzen.

MÜLLER-SCHUPPEN Einfach zum Totlachen.

MÄZENATIN *nimmt Silber in den Arm, führt ihn zur Seite.*
Selbst wenn es wahr wäre, Silber, ich lasse mir mein Geschäft und meinen Ruf von Ihnen nicht ruinieren. Wir brauchen einen wie Brom. Ob er echt ist oder nicht. Er verkauft sich.

MATTIS *zu Müller-Schuppen:*
Silber ist geliefert, der Mann wird zur Peinlichkeit. *Zur Mäzenatin*: O Gott, schalten Sie das Fernsehen ein, die Sendung läuft schon.

Alles blickt auf die Video-Leinwand, auf der man jetzt das Gesicht Broms sieht.

MATTIS STIMME Arbeiten Sie bereits an einem neuen Stück?

BROM Ja.

MATTIS Verraten Sie uns den Titel?

BROM B.-Movie.

MATTIS Um was dreht es sich in der Arbeit?

BROM Um mich natürlich.

MATTIS Und wird Ihr Freund Silber wieder Regie führen?

BROM Nein. Er hat sein Chaos aufgebraucht.

MATTIS Man hat gehört, es hätte während der Premiere einen handfesten Streit zwischen Ihnen gegeben. Stimmt das?

BROM Er hätte es wissen müssen: Der Jüngere gewinnt.

MATTIS Aber haben Sie dann nicht einen Feind gewonnen und einen Freund verloren?

BROM Gott schütze mich vor meinen Freunden … mit meinen Feinden werde ich fertig.

Weisses Rauschen. Brom tritt auf, die Partygäste applaudieren, umringen ihn, Mattis ist zuerst bei ihm.

MÜLLER-SCHUPPEN *aus der Ferne.*
Bravo, Bravissimo. Diabolisch, Brom, diabolisch. Lesen Sie meine Nachtkritik!

INTENDANT Da sind Sie ja endlich, Brom, Sie haben das Beste versäumt:

MATTIS Die Katharsis sozusagen. Ihr Regisseur ging, natürlich sinnbildlich gesprochen, den Dolch im Rücken zu Boden. Er hat eine Rede gehalten, sehr amüsant, aber eben auch tragisch, diese Figur, er hat gesagt, Sie seien eine Fälschung und alles nur Betrug.

INTENDANT Wir haben köstlich gelacht über den Witz.

MATTIS Der Mann ist erledigt, schade eigentlich. Aber: Bravo, Brom.

INTENDANT Ich werde Ihnen etwas zu trinken holen.

Brom sieht Silber, die beiden gehen aufeinander zu, bahnen sich eine Gasse durch die Menge.

BROM Lass dich umarmen, mein schöner Feind.

SILBER Ich mach dich fertig. *Er greift Brom an.*

BROM *ist stärker, umarmt ihn, flüstert* Ich liebe dich. *Schreit bewusst theatralisch* Verreck Verräter! *Er zieht ein Messer, sticht ihn in den Rücken.*

SILBER *geht zu Boden.*
Andree. *Er bleibt liegen. Die Menge applaudiert, brüllt Bravo.*

MÜLLER-SCHUPPEN Ein Gesamtkunstwerk, ein glänzender Epilog!

INTENDANT Dass die beiden noch die Zeit fanden, das einzustudieren.

MATTIS Warum haben Sie mich nicht vorgewarnt, Brom, ich hätte ein Kamerateam bestellt.

MÄZENATIN Silber ist wirklich ein grosser Schauspieler, schauen Sie nur, wie effektvoll er den Sterbenden mimt.

INTENDANT Nun hat er doch noch seine Hauptrolle bekommen.

MÜLLER-SCHUPPEN Tristan und Isolde! Er hört ja gar nicht mehr auf zu sterben.

MÄZENATIN Was ist mit Ihnen, Brom?

BROM Ich horche auf den Regen. Trinken wir!

Sie stossen an, trinken, feiern, vergessen Silber, der noch immer am Boden zwischen ihnen liegt und langsam sein Leben aushaucht. Der Vorhang fällt.

Black.

Radio Noir

Person:

Parthenope, *Nighttalkerin*

talk to me
sprecht zu mir ich kann euch
sehen dort draussen in der
nacht wie ihr eure unschuldigen
engelsmundgesichter mit dreck
beschmiert & verloren an den
gleisen steht seh euch auf den
zehenspitzen euer müdes leben
balancieren & euer herz euch
in die tiefe ziehen spring doch
spring senk den schweren kopf
auf deine brust & du wirst fliegen
auf den schienen wenn die räder
deine augen durch die schächte
schleifen & dein blut rast durch
die adern der stadt & dein hirn
versprüht sein glück & deine
träume fahren dir endlich spürst
dus aus der haut hinaus unter die
brücken an den ghettotürmen vorbei
von denen die menschen mit offenen
armen dir entgegenfallen & ihre
fenster offen & einsam zurück
lassen im toxischen wind der
sie aus den angeln hebt & seinen
kalten beifall klatscht während
die schallschutzscheiben auf dem
asphalt detonieren & die brems
spuren den gefallenen engeln nach
heulen im singsang der sirenen &
dem herzschlag der blaulichter die
die strasse zum tanzen einladen
rave hard &

ihre irrealen schatten werfen auf
augen in rückspiegeln gesichter
hinter beschlagenen scheiben die
nasen voller benzin & der letzten
line koks & irgendwo dort hinter
einem der fenster & taub für den
lärm & taub von den bässen steht
deine freundin hysterisch nackt
ausgemergelt in der tür &
zählt mit dem rasiermesser
ihre rippen verschluckt den mond
mit den tabletten ihre haut perforiert
von den nadeln der spritzen klebt an
den knochen wie eine briefmarke ins
jenseits annahme vom empfänger
verweigert dieses unterfrankierte
leben das sich nach mehr & dir
sehnt während dein medaillon mit
ihrem photo wie schön sie war auf den
schienen schon keine funken mehr
schlägt sondern der nebel sein tuch
über das fragment deines körpers das
puzzle im zinksarg das sie in den
kühlschrank schieben gegen die hitze
der nacht unserer nacht der nacht
der rotorblätter & helikopterschatten
der pumpguns & rosenkavaliere mit
einer kugel im bauch & dem kreide
strich der sie umreisst die nacht der
nutten im neontanga der stricher in
stretchhosen & rosa plastikhemden
die nacht in der du schweissgebadet
aufwachst weil der mann neben dir
zu atmen aufgehört hat & seine hand
die deine starr umkrallt die nacht in

der ihr mich anruft & mir die ohren
vollheult & schlafwandlerisch meinen
worten folgt die euch hinaus auf die
strassen treiben den knopf im ohr das
hirn auf frequenz das radio am gürtel &
euch auf einem parkplatz trefft am
rand der stadt unter den reklametafeln
der supermärkte auf den toiletten der
tankstellen & den hintereingängen der
schiessstände trefft euch draussen am
hafen in den illegalen bars der zocker
oder der wäscherei des hotels wo ihr
euch auf schmutzigen laken liebt &
den schweiss von fremden inhaliert
bevor ihr euch die tüte über den kopf
stülpt für den blow job der euch mit
der schwülen sehnsucht auch das
vakuum im hirn wegbläst & ihr
euch mit einer blonden strähne
zu strangulieren versucht & wieder
einmal erbärmlich versagt an den
filmen die euer lächerliches handeln
bestimmen wenn ihr leer & ausgelaugt
auf dem boden hockt & den atem
kontrolliert bevor ihr zu schreien
beginnt & euer zwerchfell mit
verzweiflung streichelt & dem
nachbarn wenn sonst keiner zur
hand ist einen runterholt für ein
paar joints & ein lächeln auf dem
hausflur am nächsten morgen wenn
ihr die zeitung von der treppe holt &
die schläfen erwachen mit einem
dröhnenden schmerz was solls die
nacht ist jung & ich warte auf eure

geschichten den whiskey aus
zahnputzbechern den revolver der
nicht weiss ob der finger ihn am
abzug kitzelt den mann der sich
verwählt & an meinen lippen landet
den kleinen schauspieler der sich
durch die pornokanäle zappt nach
seinem ewigen kampf mit der
fernbedienung soll ich soll ich nicht
den finger so nah an der taste wie
damals in kino die hand neben dem
mädchen ein fingerbreit jetzt drückt
er & macht sich in die hosen dabei
hofft auf einen typ an der rezeption
lieber gott lass es einen mann sein
nur keine frau die die rechnung
liest & das zappen entdeckt nur
nicht diese peinlichen fragen von
freundlichen damen in blauen
kostümen die fast persönlich
gekränkt als hätte er ihnen & ihren
blusen gefallen seine lust & nach
einem kurzen blick auch mit ihm
abrechnen verschissen kleiner du
kannst es dir sowieso nicht leisten
kratzt deine letzten kröten zusammen
schleichst durch die drehtür hinaus
ins freie wo dir schon die erste
langstieflige versuchung einen guten
morgen wünscht der tag ist gelaufen
du läufst weg verpasst deinen zug
die letzte chance & heulst am bahnsteig
bis eine oma dich tröstet & dir einen
kaffee spendiert ruf mich an wo bist
du jetzt wer streicht seine stirn über

dein haar lass dich fallen wo immer
du auch stehst du wirst fliegen träumen
meine stimme trägt dich bis unter die
wolken wir werden dich mit den
scheinwerfern am himmel suchen ihr
alle die mich hört sucht ihn gebt
euch & ihm einen stoss lasst los
lasst los die luft ist eine feder die
euch sacht bis zum boden wiegt ihr
werdet auf dem rücken des windes
schlafen & auf den dächern winken
euch die menschen zu es ist so
leicht so schwerelos zwischen den
hochhausschluchten zu gleiten & zu
vergessen dass ihr in der nächsten
sekunde zerschellt wie ein rohes ei
auf den küchenfliesen unter dem
lamento des radios dem memento
mori der nacht ich spiel mit euren
wünschen ruft mich an & wünscht
euch was ich spiel mit euch &
was ihr hören wollt treib
euren herzschlag ins finale I am
waiting for a call from you call
me girl cry for me ruft mich an
legt euch nackt auf den boden den
hörer zwischen den ausrasierten
schenkeln die muschel die lippen
zitternd auf der bassmembran
durchstecht eure ohren für die
diamanten meiner tonarme ich
schleif euch durch die nacht will
auf euren poppupillen scratchen sie
müssen sich wie meine scheiben
drehen immer schneller ja schneller

schneller beat um beat & ihr seid
auf meiner spur go for it ich komm
zu euch komm mit euch bis zum
fade out eurer müdgehetzten über
drehten augen die in slow motion
sich aus dem leben dimmen bis
ihr letztes licht auf eurem grab
stein steht & die grufties euch den
marmor über dem herzen lecken &
abspritzen auf die netten photo
medaillons die euch noch jung &
unschuldig zeigen süsse missprints
der erinnerung falsch bis in den tod &
die englein singen & strippen euch
die haut von den knochen gott
ist nichts als ein junkie der euch die
taschen leert von seinem chill-out
paradies zu säuseln das ihn aus
gesperrt hat weil ihn sein türsteher
nicht mehr erkannte wie keiner euch
mehr erkennt ausser mir das flennende
fickflehen eurer gebrochenen stimmen
die mich ankotzen mit ihrem jammer
brei diesem elenden verzweiflungs
vibrato & pisspiano jeden abend
wenn ich aufwache lass ich mir die
ohren ausspülen bevor die nächste
sintflut eurer klagen meine glühdrähte
unter wasser setzt gewöhnt euch
diese nasse aussprache ab sabber
softies ekeln mich ich will dass ihr
frei seid frei von angst frei für mich
ich will dass ihr eure dürren ellbogen
in die autofenster stosst die karren
kurzschliesst & die motoren mit den

alarmsirenen & eurem japsen im
radio um die wette heulen dreht die
kisten & die lautsprecher bis zum
anschlag auf bis eure stiefel auf
dem gas immer schwerer werden &
die lichter an euch vorbeirasen &
ihr die zwielichtigen nachtfiguren
auf euren kühlern sammeln & wie
falter aufspiessen könnt ruft
mich an ich habe die musik
für euer strassenfest & lass
euch live für uns alle gegen den
nächsten brückenpfeiler auf die
erste tankstelle knallen nur blau muss
sie sein das ist mein crashkurs für
euch ihr bleibt auf sendung ich
versprechs euch & sample euer
inferno &
schneide eure gesichter mit wie
sie brennen enttäuscht mich
nicht & fackelt nicht lang das ist
eure nacht eure verdammt kleine
chance für ein paar sekunden ein
bisschen berühmt zu sein glaubt
mir endlich hört euch jeder zu die
kids am baggersee die sich zwischen
den granatsplittern lieben der
kleine bruder der seine schwester
auszieht & mit ihr elternanzünden
spielt der tolle muskelmuselman
der sich den schnuller in den
arsch schiebt & sich von seinem
elektrischen häschen einen
runterholen lässt bis er kommt &
seinen orgasmus in die

schlangenflöte bläst bis sie
steif im kinderzimmer steht &
dröhnt & die rasseln an seinen
knöcheln sich mit ihm freuen sie
hören dich alle hören sie dich die
eifertante die sich mit der dünngeliebten
bibel über die welken brustknospen
streicht den rosenkranz durch ihr
schamhaar zieht bis sie mit ihrer
gebetsmühle jault & hosianna
hosianna & jesus jesus du mein
augenstern singt doch was kann der
dafür er breitet kitschig seine
arme aus & wenn du ihn schräg
von der seite ansiehst lächelt dir
die unbefleckte empfängnis in
neon & pop entgegen der
himmel wird euch erhören &
alle kinder alle hören auf mich
der buchhalter der seinen sohn
verstehen will & warum er
sein meerschwein grillt & wespen
killt mit seiner taschenguillotine &
statt in der schule sich die welt
erklären zu lassen in der bücherei
sitzt & davon träumt ach wie lesen
verdirbt die bibliothekarin mit den
braunen strümpfen auf der leiter zu
nehmen als jugendlicher held &
nero der vorstadt & warum er die
bücher die er klaut in bäumen
versteckt & plötzlich abgehauen
ist die geburtstagstorte in der tupper
ware ab auf die autobahn hit the
north den daumen nach unten in

die freiheit so spielt das leben
alter kann ich nur sagen aber
warte wir werdens dir erklären
wenn es dein analytiker schon
nicht kann das arme sesseltier das
so lange seine bänder zurückspult
bis er nur noch rückwärts sprechen
kann & die motoren seiner knopf
augen blockieren no rewind eject
was er verstehen will bleibt für ihn
das unknown thing aus einer
anderen welt das
monster das aus deiner frau kroch &
mit deinen zügen im gesicht zu einem
fremden mutiert wir sind das fremde
wir flüstern nicht wir schreien wir
sind der generalstreik eurer vernunft
& hellwach wenn ihr schlaft die
nacht ist unser dope die pille die ihr
schlucken müsst & die euch nicht
beruhigen wird sondern unsere
ekstase durch eure träume tanzen
lässt bis euer trommelfell platzt &
ihr aus der haut fahren wollt bei
offenem fenster aber statt dessen nur
in euren alten bademänteln in die
küche schlappt & wie im taumel
zuseht wie sich das aspirin mit
eurer hoffnung auflöst & weiter
tanzt im wasserglas einen sturm
entfacht der euch den letzten rest
schlaf & illusion aus dem nacht
hemd bläst & ihr euch mit eurer
angst auf dem klo einsperrt &
sitzen bleibt bis euer sohn mit dem

milchmann zum frühstück kommt
seine marmelade auf die zeitung
schmiert & mit den fingern weiter
tanzt immer weiter tanzt auf euren
nerven trommelt bis ihr zuschlagt &
weiter schlagt & ihm mit euren
tritten seinen ring noch weiter in den
nabel treibt & dann heulend
zusammenbrecht ihn in die arme
schliessen wollt während ihm das
blut aus den mundwinkeln läuft &
er schon mit den engeln weitertanzt &
tanzt & eure frau ganz leise lautlos
still ganz langsam behutsam in
ohnmacht fällt & sich dabei den
kopf am kühlschrank aufschlägt &
die sonne auf dem tisch mit ihren
schatten tanzt & die vögel singen &
der radiowecker meine sendung
wiederholt ja ich bin bei euch in
eurer schwersten stunde ruft mich
an ruft mich an die nacht ist nackt
forever young wie wir die alten
schnarchsäcke schlagen euch erst
morgen tot noch heute könnt ihrs
selber tun ich sag euch wie mans
macht kommt ich warte auf euch
I hear you words
don't be afraid anymore entspannt
euch schliesst die augen stellt euch
vor ihr liegt auf den autobahn allein &
der teer brennt euch seine hitze ins
fleisch das tatoo der strasse die
geschichten die sie euren rücken
erzählt durch den feinen staub der

zerplatzten windschutzscheiben
auf dem asphalt die ihr nicht mehr
sehen nur fühlen könnt wenn ihr
euch versucht es auf eure schulter
blätter konzentriert & spürt wie die
strasse sie mit den fingernägeln ihrer
engel beschreibt mit den resten ver
brannten gummis & festgefahrenen
bluts das euer schweiss aufsaugt
unter dem grossen wagen den ihr
seht wenn ihr die lider jetzt langsam
öffnet & euren ohren nicht traut &
sie sachte sehr sachte sterbensruhig
auf den belag bettet & wartet auf
das rollen der lkws & betet lass es
coca cola sein & eure bauchmuskeln
schon anspannt & durstig mit euren
zungen den heranrasenden diesel aus
der luft schleckt das deo des fahrers
die flecken des junkfoods auf seinem
ärmellosen shirt den trockenen geruch
seiner zigarette die er aus versehen in
seine thermosflasche ascht wie es euch
den magen umdreht wenn ihr an die
countrysongs denkt die er hört während
er von der nächsten nutte am nächsten
rastplatz träumt wo er sein tigerfell über
die sitze spannt & seinen noppenknüppel
von der gangschaltung abschraubt er
kann seine augen kaum mehr wach
halten der kaffee ist alle die tabletten
geschluckt seine temponadel spielt im
flimmern seiner pupillen verrückt er
nimmt den fuss vom gas kurbelt sein
fenster auf streckt sein gesicht in den

wind & fängt schon wieder zu träumen
& plötzlich zu hupen an als seine brust
auf das lenkrad sackt & er aufschreckt &
sich nochmal retten kann den truck
zurück auf die fahrbahn reisst er atmet
durch schlägt mit der linken faust
immer wieder gegen die tür singt laut
die schnulzen mit & denkt nicht an
dich das zucken deiner glieder den
treibenden herzschlag deiner angst die
dich plötzlich überfällt der reflex
aufzustehen davonzulaufen über die
planken zu springen dich im gras
abzurollen & liegen zu bleiben bis
er an dir vorbeigerauscht ist & den
nächsten lebensmüden ein paar meilen
weiter zu brei fährt oder einfach
einschläft & träumt er fliege & fliegt
von der brücke auf die schwarzen
wasser des flusses & du hast dich
wieder gefangen kletterst zurück
hältst den daumen in die strasse &
hoffst auf einen verrückten der auf
dem seitenstreifen bremst sein
elektrisches fenster hinuntergleiten
lässt & dich fragt was du so vorhast
mitten in der nacht allein auf der auto
bahn wo du hinwillst er lacht entsichert
seine tür & du rutschst mit deinen
dreckigen jeans nervös auf seinen
ledersitzen & er wechselt seine cd's &
seine lautsprecher machen dich an
säuseln dir quadrophon ins ohr & du
ahnst woran er denkt wenn er sagt
er hat ein zimmer für die nacht ein

nettes motel am rande der stadt mit
wasserbetten & glühbirnenspiegeln &
frühstück am bett & dass du dir deinen
arsch nur aufreissen musst dann bringst
du es zu was & er lässt seine lachmuskeln
spielen stellt den tempomat an & beginnt
dich zu befummeln bis ihr den lkw
überholt & du den fahrer siehst der
dich überrollt hätte siehst wie er noch
immer mit der faust gegen die tür
schlägt mit der zigarette im mund
sich die kehle aus dem leib in eine
müde wachheit schreit & du schreist
auch er hört dich nicht & rettet dich
nicht jetzt reibt er sein brillenetui
zwischen deinen beinen hin & her
rauf & runter & grinst als sei er die
geilste nummer auf erden & du
siehst den lkw im rückspiegel über
die planken fliegen & denkst scheisse
was man sich nicht alles vorstellen
kann wenn einen ein vierzigtonner
zermalmt zu countrysound mit
cowboystiefeln auf der bremse &
deinem zerplatzten schädel als
trauma das ihn nie mehr verlassen
wird wenn er heulend vor seinem
fernseher sitzt vor dem kinder
programm & sich die bierflasche
in den bauch rammt wie damals die
faust gegen die tür er wird dich nie
vergessen ich versprech es dir wir
haben dich alle geliebt wie schön
du warst als du dort lagst fast noch
ein kind dein bleichblondes haar

das dir in die stirn flog wenn du
lachtest wir vermissen dich & ich
mal ein kleines rotes herz auf das
band mit deinen schreien lass
mir dein gesicht auf meine schulter
tätowieren zu den anderen bis
mein körper verschwindet hinter
euren augen & ich eine haut aus
blicken bin & meine zunge das
archiv eurer stimmen ruft mich
an die nacht ist noch lang
meine schenkel sind nackt &
warten auf dich auf die nadel
in deinen lippen die mir das
gesicht zerkratzt wenn mich
dein mund küsst deine
augenbrauen die sich in mein
schamhaar schwingen dein bart
der mir unterm nabel wächst
wenn du dich beeilst & seine
stoppeln mit mir teilst & dir den
draht aus spass um deine kehle
schnürst & meine nummer
wählst & ich dir erklär was du
tun musst es ist ganz leicht du
brauchst nur einen freund ein
paar handschuhe vielleicht &
einen starken arm an den du
dich lehnen kannst wenn dir die
luft wegbleibt schenk mir auf
einem kitschigen handtaschen
spiegel deinen letzten hauch mit
dem du den atem verlierst &
die not fax mir ein polaroid
bevor du stirbst & in

deiner wohnung zu faulen anfängst
lächle für mich wenn du den
selbstauslöser drückst hörst du ich
will dass mein körper ein einziges
lächeln ist ein lebendiges zeichen
der freundlichkeit in unserer tristen
zeit ich liebe euch doch alle &
streichel euch mit federn & mit
seide & tropf euch honig in den
mund & schnür euch ein in meine
latexhaut & wer mit mir schläft der
schläft mit ruft mich an meine
chatcats this is radio love
ich besorgs euch das glück
den trip auf der sunnyside
der nacht wo ihr auch seid was
immer ihr gerade macht macht es
laut & macht mit auf
unserem liebeszug durch die
betablocks der schneckenhäuser
in die sie sich verkriechen wenn wir
aus den betten in die kanäle steigen &
den juwelieren eure schlagringe
zeigen & ihre goldadern in den
schaufenstern freilegen & uns
mit ihren dämlichen diademen
schmücken kommt meine
schmucken goldkinder redet
mit mir alle meine leitungen
sind offen ich bin ganz ohr & leih
euch meinen kehlkopf bis ihr ihn
kahl & zum teufel schert habt keine
angst ruft mich an relaxt ich bin da
für euch für alle mörderballaden &
liebeslagen für euer komisches

klagen & eitles verzagen ich werde
euch über & durch die datenflüsse
tragen & mich an euren virtuellen
plagen laben an eurem versagen an
euren nerven nagen & aus der
brandung ragen wie ein fels an dem
ihr zerschellt ich bin das kraftwerk
eurer hirnströme der speicher der
sie staut ich will dass ihr mir
vertraut ihr müsst mir vertrauen
nicht stottern jetzt wir sind allein
nur wir zwei
schalte deine glotze an & ich
klotz dir in die augen & du darfst
deine flirrenden blicke auf meinen
brüsten ausruhen schau wie ich
meine bluse für dich öffne wie
deine hände mich ausziehen
wenn du sie auf den bildschirm
legst nein betatsch ihn noch nicht
du musst ganz zart & langsam
sein mir ganz sacht millimeter für
millimeter näherkommen dann
spürst du das zittern meines atems
in deinen handflächen millionen
kleiner stromstösse die dich
erregen als seien es die haare
meines arms an denen du
entlang zitterst spürst dus sie
streichelst ohne dabei meine haut
zu berührn ja so ist es gut ich
fühl dich zieh dein hemd aus ich
will dass du nackt bist hol die
flasche champagner aus dem
kühlschrank & dusch dich damit

schütt sie über deine behaarte
brust sie hat doch schon haare
oder mein kleiner wilder meine
affenliebe ja & jetzt umarme
mich press dein herz ich hörs
schlagen auf die scheibe leg
deinen kopf auf das gehäuse &
beiss dich fest ja gut gut so
jetzt lass uns die stellung
wechseln kleiner leg dich auf
den rücken & bind mich dir
auf den bauch & dann fick
mich bis die sicherungen
platzen ich zerspring in
tausend stücke & mein bild
verwandelt sich schlagartig
in schmerzpunkte überall auf
deiner flachen brust & die
einzige farbe die bleibt ist das
blutrot meiner lippen die deine
epileptischen glieder küssen ich
kraul dir deine eier mit 220 volt
cybersex ist ein künstlicher dreck
dagegen war es nicht schön
wie es gefunkt hat
zwischen uns beiden wie
verknallt du jetzt bist ja so ist
das kleiner wenn man mich
liebt man liebt mich nur ein
einziges mal das wirst du nie
vergessen nicht mal den rest
deines lebens ihr braucht mich
wie den geruch von gras
in der luft also sucht den duft &
ruft mich an

denn ich bin der stoff der eure
sinne sprengt & süchtig macht
in einer nacht von überall wo
ihr seid in dieser endlosen stadt
an welchen stricken in welchen
seilen ihr auch hängt ruft mich
an legt die schrotflinte aus der
hand lasst die schweissbrenner
stehen packt die brecheisen ein &
ruft mich an kauert euch in die
nächste telefonzelle macht es
euch auf irgendeinem rücken
bequem & knackt den code der
euch zu meinen schätzchen
macht lasst mich nicht warten
i burn for you ich will meine
zigaretten zünden mit dem
benzin in deinem haar ich will
dass in jeder verdammten zelle
hier in dieser stadt einer von
euch steht & mir feuer gibt ihr
seid meine lichterkette & alle
werden euch sehen die fackeln
werden sich am himmel die
hände geben ist das nicht schön
lass mich nicht im stich ich
brauch dich & deine stinkende
lederhaut die aus ihren löchern
raucht brauch die poesie deiner
verbrannten poren denk dran wir
sind das feuerzeichen dieser
nacht das unglückshoroskop
dieser verglühten erlöschenden
sternenstadt was wollt ihr denn
mehr für ein paar münzen &

einen griff in die tasche für ein
einziges beschissenes streichholz
das ihr auf euren sohlen auf die
reise schickt für den letzten zug
des stummels den ihr in euren
lässigen mundwinkeln hin & her
wandern lasst für drei sekunden
eures fetten daumens auf dem
wegwerffeuerzeug für nicht mehr
seid ihr geschichte & mir nah ich
bin für euer billiges armseliges
leben ein schnelles billiges glück
das euch teuer zu stehen kommt
was zögert ihr ihr bekommt keine
zweite chance eure chance bin ich
ich ruf euch ruft mich an warum
schleichst du um das telefon wie
ein geprügelter hund um die stiefel
seines frauchens das ihn mit den
füssen krault warum hängst du
über der schüssel & verliebst dich
in das synchronschwimmen deiner
kotze & sabberst dir dein hemdchen
voll die schnürsenkel offen die
hosen über den schuhen den gürtel
um den hals auf dem spiegel ein
pflaster über dem kussmund & ein
adieu mit der ätzenden schmiere der
orangenseife die mit deiner liebe in
den zahnputzbecher läuft dass du sie
schmecken wirst am nächsten morgen
wenn ihr zusammen am spülbecken
steht & sie sich schön macht für den
anderen & du deine krawatte zu fest
ziehst & den kaffee in den abguss

spuckst weil du dein erbärmliches
bleiches übermüdetes gesicht neben
ihren roten lippen nicht mehr erträgst
ihre ausreden die so schlecht sind wie
du es verdienst mit deinen gutgläubigen
augen mit deiner schüchternen hand
die die ihre wie zufällig wie ungeschickt
du dich anstellst zu berühren sucht
während sie nur ihren nagellack sucht &
kaum dass ihr euch zufällig doch berührt
habt ihre hand wie von einer kochplatte
zurückzieht & dir vorwirft dass du mit
deinen tapsigen fleischfingern ihren
lack ruinierst & sie keine zeit hat dass
hier den lieben langen morgen immer
wieder neu anzufangen & du dir
vorstellst wie sie in ihrem büro auf dem
zeichentisch liegt & sich für ihn mit dem
brieföffner herzchen auf den lack
kratzt & zum vorspiel vor seinen augen
ihre finger lutscht & deinen anruf
durchstellen lässt damit du zuhören
kannst wie sie über ihrer arbeit stöhnt &
wie dein photo auf den boden fällt &
er es zertritt wenn er sie jetzt fickt
die fischchen auf dem bildschirm
schwimmen sie ihren juniorpartner für
seine leistung lobt & mit ihm unbekannt
verreist während du dich versöhnen
willst & zurückbleibst in eurer küche
die nudeln verkochen du wartest
was wartest du noch der champagner
platzt im eisfach neben der butter &
die asche deiner zigarette schmiegt
sich an den kaviar das telefon

klingelt & du kannst dich nicht von
der stelle bewegen das wird sie sein
ihr anrufbeantworter springt an &
sagt mit ihrer stimme sie sei nicht
erreichbar dann hörst du sie wie
sie dir erklärt dass sie nicht mehr
kommen wird übermorgen vielleicht &
dass alles ganz plötzlich kam &
dringend war & sie sich nicht früher
melden konnte & du hörst wie er
dabei ihr den nacken küsst &
zwischen ihre beine greift & sie
noch sagt du sollst dir doch einen
schönen fernsehabend machen die
chips seien auf der anrichte im
keller frisches bier & du möchtest ihr
ihre lieblingssoap aufzeichnen sie
möchte keine folge verpassen & das
du ein schatz seist & ihr flug würde
gerade aufgerufen & du siehst auf
dem display dass es seine nummer
ist & sie drei blocks weiter
startet durch den nachthimmel
fliegt die gurte löst & die turbulenzen
geniesst du weißt dass die rück
flüge ausgebucht sein werden & ein
termin den nächsten jagt dass sie
völlig erschöpft sein wird zu müde
für jede berührung wenn sie wieder
kommt du wirst mit einer anderen
beliebigen frau essen gehen ihre augen
mit den ihren vergleichen & wenn
sie lächelt wird dir schlecht & du
kannst wenn du ihr in die augen
schaust deine frau nicht vergessen &

wirst nicht
mit auf einen kaffee zu ihr hoch
gehen sondern allein im auto sitzen
bleiben das verdeck aufklappen &
durch den regen rasen bis du zu
den nutten kommst die scheiben
herunterlässt & bevor sie an deine
tür kommen & dich fragen ob du
willst & wie & für wieviel sies
dir besorgen können & bevor sie
überhaupt den mund aufmachen &
ihre grossen geschwungenen
siliconlippen spreizen für dich
startest du durch & dein motor
heult für dich der regen weicht
dir die weissen sitze auf sie hat
einen erbärmlichen geschmack &
die ampeln zwinkern dir unentwegt
zu & du wünschst dir die strasse
hätte kein ende doch schon stehst
du vor deinem tor & stellst dein auto
in der tiefgarage zärtlich & fast
zum berühren nah natürlich neben
das ihre & legst dich auf die kühler
haube breitest deine arme aus
saugst die chromwärme auf &
verkratzt dabei schon wieder ihren
kostbaren lack fehlt nur noch dass
du den auspuff ihres autos fickst
im aufzug bildest du dir dann ein
dass ihr parfüm in der luft klebt &
sie vielleicht schon auf dich wartet &
du ihr verzeihen kannst & deine
tränen ihr die schminke von den
wangen perlen & auf ihren lippen

unter deinen küssen verdunsten &
ihr euch schwört ihr fangt von vorne
an reisst euch die kleider vom
leib & du zitterst den schlüssel ins
schloss rufst ihren namen rennst
in ihr zimmer suchst die ganze
wohnung ab nach ihr & der
fernseher läuft noch immer & du
hast vergessen den recorder zu
programmieren & auf dem bild
schirm bin ich & warte auf dich
endlich bist du da vergiss sie
jetzt haben wir unseren spass
zusammen du betrügst sie mit
mir dann kommt sie zurück &
findet dich nackt auf dem ofen
liegen & die platten haben dir
vier löcher durch den leib ge
brannt doch dein mund riecht
nach erdbeeren & dein fleisch
wie ein süsser gang in den
himmel oder wir erwarten sie
du gehst nicht aus dem haus
schaltest den anrufbeanworter
ab rollst die läden runter
löschst das licht & zündest alle
kerzen an die du finden kannst
verteilst sie um dich herum bis
du dich nicht mehr bewegen
kannst ohne im feuer zu stehen &
wir warten warten auf sie &
schwitzen sie aus du musst
nicht länger traurig sein
deine liebe wird ein brennender
schmerz den du überwinden

musst damit sie die asche von
gestern & du in der zeitung von
morgen bist & so zumindest dein
photo mit ihr im bett liegt wenn
ihr das ei beim frühstück aus der
hand auf seinen schwanz fällt &
sie nicht mehr aufhören kann zu
schreien & hysterisch durchs
zimmer springt & immer wieder
schreit & ihren slip sucht & ihn
beschimpft & nachhause will
als gäbe es das noch als könnte
sie einfach die tür öffnen & dir
in die augen sehen dir von den
lippen lesen & alles vergessen
machen als nütze es jetzt noch
etwa deine nummer zu wählen &
der elektronischen stimme am
anderen ende zu glauben dass
dieser anschluss nur vorüber
gehend nicht erreichbar sei jeder
wird mit dem finger auf sie
zeigen & jeder mann mit dem
sie danach schlafen wird wird
dein feuergesicht in ihre augen
tragen ihr wird für immer die
lust vergehen & nur ihr seelen
klempner wird sie verstehen &
kann ihr doch das herz nicht
mehr einrenken dort wo du
warst & kein anderer mehr sein
wird der es entflammt du siehst
du musst nicht verzweifelt sein
bleib dran es gibt immer einen
ausweg & ich zeige ihn dir & wir

machen alles bei musik ich spiel
dabei euren lieblingssong &
während du dort liegst halten wir
alle unsere feuerzeuge aus dem
fenster & denken an dich der
nächste bitte wir bringen das
licht ins dunkel ruft an ihr
erreicht mich egal wann egal
wo ich bin der engel
der euch rettet vor dem abgrund
der nacht wenn ihr auf den
sperrgittern der hochhausdächer
hockt & eure beine in die tiefe
baumeln lasst & euch vor
angst & sehnsucht die lippen
kaut ich bin der flügel auf dem
eure zitternden herzen an den
fenstern vorbeigleiten im
lichtspiel der neonreklamen die
ihre immergleichen versprechen
auf eure seelchen projizieren wenn
wir in ihre warmen schatten
tauchen & der wind seine gift
wolken durch eure schreienden
münder bläst bevor euch das
tuch der fahnen auffängt
ihre stangen eure brust durch
bohren & ihr ein bisschen blut
für die freiheit verliert & mit
euren gedärmen einen guten
farbkontrast abgebt ein schlichtes
ready made der nacht & ihrer
künstlerischen hand auf eurem
rücken wenn ihr in meine arme
springt durch die ihr fallt nach

einem federleichten schwebenden
moment
der es wert ist dass euer herz auf
meiner frequenz aufschlägt &
eure augen den sender im himmel
suchen & die stimmen sich im kopf
noch ein letztes mal verwirren
die stille zu euch kommt ein
lautloser flash & eine panische
langsamkeit im gegenlicht des
todes der eine plastikplane in
den händen hält die nach rosen
duftet & eure verstörten sinne luftdicht
verschliesst vor den ratten mit ihren
punkfrisuren die an euren organen
nagen sich mit eurer galle die
irokesenscheitel blondieren & sich
kannibalisch freuen über die care
pakete aus aller welt die wie alles
gute von oben kommen ich bin
der fallschirm auf euren rücken ein
flügel der verschlossen bleibt aber
eine hoffnung für sekunden eine
endlose hoffnung fünf atemzüge
lang ich bin die feuerleiter die euch
nach oben bringt die kreditkarte in
der tür der stacheldraht & die zange
die ihn kappt das dröhnen der
sirenen & der sprung vom dach
ich bin der landeplatz der helikopter
das rotorblatt an eurem hals ich
bin die luft die fast unmerklich
dünner & dünner wird & in die
sprechanlage abzieht & aus euren
lungen flieht wenn ihr im aufzug

steckt & nach dem strom der not
strom ausfällt & es so richtig
schön heiss wird & ihr euch
anbrüllt panisch einen flucht
weg sucht in den dunklen augen
des anderen & aufgebt & euch
schliesslich lieben wollt mit
letzter kraft eure todesnassen
häute aneinander schmiert den
rest luft anhaltet & ihn mit einem
kuss dem anderen schenkt bis
die zungen lahm in euren mündern
hängen die hände über dem
kehlkopf ein scheuer schatten auf
der stirn verfliegt wenn sich der
lift wieder bewegt & die lichter
anspringen die tür sich leise
still fast wie ein vorhang öffnet &
den menschen mit einkaufstüten
vor rührung schlecht wird wenn
sie euch da liegen sehen die
körper ineinandergeschmiegt
die kleider zerrissen verstreut
auf den boden ein rätsel ohne
frage die der werbespruch des
lautsprechers beantwortet bevor
die tür sich wieder schliesst &
man euch ins nächste stockwerk
holt & ungläubig mit einem burger
in der fresse bestaunt sie werden
euch nie mehr vergessen können
eure pater-noster-pieta für einen
abend & einen morgen die polizei
berichte dieser nacht werden voller
kunstwerke sein die strassen

sind die zeilen auf denen wir
unsere gedichte mit unseren
körpern schreiben das messer der
pinsel in unserer hand die haut
des fremden die leinwand ein
blasses gesicht auf dem sich das
licht der suchscheinwerfer bricht
ein schrei das konzert unserer
stimmen ja ich will sie hören die
stimmen ruft an schreit für
mich & schreit mich an & schreit
nach mir warum weinst du kind
wo bist du in einem büro was
machst du gerade du sitzt am
schreibtisch & hörst mich über
den computer du bist die letzte
sagst du alle anderen sind längst
gegangen du kannst nicht mehr
warum was ist passiert was
macht dich so verzweifelt ich
kann dich nicht verstehen wein
doch nicht beruhige dich ich
hör dir zu niemand anders
hört uns jetzt ich bin ganz allein
für dich da erzähl mir deine
geschichte nein leg nicht auf
zünd dir eine zigarette an wir
haben zeit viel zeit geht es schon
besser hol tief luft du musst mit
deinem rücken atmen setz dich
auf den boden schalte das licht
aus keiner sieht dich keine angst
niemand weiss wo du bist du
musst deine stimme nicht
verstellen sprich ganz langsam

wenn du möchtest ich schick
dir einen engel der seine stirn
auf deine schulter legt spürst du
ihn seine zunge an deinem ohr
sein haar auf deinem nacken
sein atem mit dem du atmen
musst bis du ihn vergisst &
wieder ruhig bist entspann dich
du kannst nicht warum du musst
nicht so traurig sein ich helfe
dir du willst nicht sterben nicht
springen kein benzin auf deiner
haut keine angst nein das musst
du nicht ich bin deine freundin
wie könnte ich dich verletzen
wollen was hast du gerade an
ein schwarzes kleid ein rotes
seidentuch um den hals über
das dein rotschwarzes haar
bis zu den hüften fällt du bist
wunderschön sagst du ich
weiss deine augen sind braun
wie deine haut du bist gross &
deine beine ein blickfang wenn
du sie übereinander schlägst
oder auf der strasse gehst mit
deinem kurzen rock oder in
hautengen jeans die halten was
die ahnung verspricht deine
figur ist ein einziges begehren
selbst der wind schmiegt sich
an sie & die blätter fallen von
den bäumen dich zu berühren &
der regen sammelt seine dicksten
tropfen wenn er über den goldenen

schnitt deiner wangen gleitet &
wie zufällig in deinen ausschnitt
fällt sich im becken deines nabels
zu baden in der hitze deines
körpers zu verdunsten um
mit den wind erneut in den
himmel zu steigen & wieder auf
dich zu fallen die sonne neidet
dem schatten deine haut & der
schatten der sonne dein lachen
warum bist du so unglücklich
warum versteckst du dich in
deinem büro & meidest den
mond über der stadt warum sind
deine scheiben getönt hast du angst
vor dem mann gegenüber der
den ganzen tag die ganze nacht
an seinem fenster steht &
wartet dich zu sehen wenn du zu
schnell für seine verliebten augen
durch die gänge eilst & aus der
hinteren tür aus dem gebäude
verschwindest jede nacht den
ausgang & die strassenbahnen
wechselst oder dir das taxi in die
tiefgarage bestellst warum fliehst
du ihn sein übermüdetes sehnen
hast du die spur der blumen vor
jeder tür übersehen oder ihnen
einfach mit deinen absätzen die
köpfchen zertreten & dir an ihren
dornen deine schuhe ruiniert & sie
am abend verzweifelt gestreichelt
warum willst du deinen job
kündigen du wirst ihn vermissen

die rauchzeichen seiner zigaretten
das morsealphabet seiner wohnungs
lichter die briefe an unbekannt mit
einer beschreibung von dir als
adresse als absender die farbe
seiner augen der schwung seiner
lippen die geste seiner hände wenn
sie schreiben er wartet auf dich
du weißt es fühlst es es ist eure
letzte nacht morgen wird er
gehen & für immer verschwinden
nur das licht in seinem zimmer
wird bleiben die rücken der bücher
die farben der schatten die sich
nicht mehr bewegen der song der
in seiner endlosschleife mit
seinen bässen sich hinaus auf die
strasse windet jeden abend deine
schritte zu finden & dich mit
seinem refrain verfolgt I'll be
missing you everywhere you go
warum ist es so schwer für dich
noch hast du zeit ihm ein zeichen
zu geben den nachtportier zu
überreden dass er ihn unter einem
vorwand an die pforte holt & du
ihm mit der videokamera in die
augen schauen kannst & zeit
gewinnst ihn dann nach oben
holst oder zu ihm eilst mit ihm
verschwindest ohne ein wort seine
hand nimmst deine schuhe ausziehst
& ihr barfuss davonlauft einfach
weg in ein anderes leben
warum weinst du noch

aufgelegt
wahrscheinlich liegt sie
ohnmächtig neben ihrem
drucker auf den boden der sie
mit papier bespuckt nichts als
leere seiten für ihre leeren
augen & ihr ausgelöschtes feiges
hirn dieses unbeschriebene
feigenblatt das uns verarschen
will mit seiner unschuld ja ich
seh sie deutlich vor mir ihre
ultralight noch immer in der
hand seh die asche die in ihren
schoss fällt wir müssen nur
warten ein wenig geduld haben
bis der stummel sich durch ihren
rock brennt & ihr trocknes
höschen endlich auch einmal in
flammen steht & die ganze bude
explodiert wartet nur ein paar
minuten & ihr hört den knall ich
habe sie in den schlaf gesungen
einen schlaf aus dem sie als
asche erwacht hab euch gezeigt
wie perfide ich bin ich hab sie
ihr habts euch doch gedacht
getäuscht ihr kennt mich so gut
war ich noch nie welche lust sie
in sicherheit zu wiegen ihr einen
ausweg zu zeigen das licht am
ende des tunnels das keine sonne
kein tag sondern nur das blendauge
des gegenzugs ist alles läuft hier
nach meinem fahrplan einen
anderen gibt es nicht kann es

nicht geben es gibt keine
flucht die flucht & das ziel bin
ich jetzt brennt sie sicher schon
wie hab ich das gemacht lobt mich
ruft mich geht auf die knie vor
mir & küsst euer radio
kommt mit mir auf unsern trip
durch die nacht der nächte denn
unser letzter tag ist diese nacht
nichts kann uns halten wir reissen
alles nieder wir sind die wenigen
die heute die vielen sind das
meer & die springflut das beben
der erde & der regen der nicht
mehr aufhören wird wir sind
der atomare müll der alles hier
verseucht wir sind das strahlende
ende der geschichte & der
anfang im klärschlamm und
feiern unsere nächste party auf
dem mond in dessen krateraugen
wir uns lieben werden wenn
dieser scheissplanet über unseren
leibern verglüht & wir
uns was wünschen dürfen was
wünscht ihr euch für diese nacht
ich bin hier um eure wildesten
wünsche zu erfüllen
könnt ihr mich hören ich will
eure feuerzeuge sehen wenn ich
aus dem fenster schau nehmt
eine fackel zwischen die zähne &
seid meine sternschnuppen mit
denen wir die schlichten scheuen
seelchen beglücken wenn sie

hand in hand zum himmel
blicken & abhauen in den
nächsten dornbusch hinter
dem ihr mit eurem streichholz
steht & euch ein göttliches
vergnügen gönnt einen gruss
an mich ihr macht alles für mich
ihr müsst hat es noch immer
nicht geknallt wartet ich werde
ihre nummer wählen & ihr
werdet mit mir hören wie tot
die leitung ist oder nein wir
warten noch ein bisschen &
steigern den thrill & stellen uns
vor wie weit sie schon strengt
euch an verstümmelt ist wie
ihr freund ihre miese unerfüllte
liebe hilflos durch die flammen
irrt & wie ihre tausend & aber
tausend zungen ihn abschlecken &
wie die wände ihn begraben
keine fünf schritte von ihr
wie der rauch seine lungen
zerfrisst die feuermelder sich
ausheulen um die beiden & wie
diese ganze seifenoper im schaum
endet einer weissen klebrigen
chemisch stinkenden flut in einem
wolkenmeer das keinen himmel
hat & keinen wind so wird es
sein ruft mich an wenn ihr es
seht & besoffen an dem
schauspiel vorbeirast hupt für
mich lasst mich nicht warten
wir wollen

diese geschichte gemeinsam zu
ende bringen ruft an kramt eure
verrotzten taschentücher aus den
jeans wir weinen ein bisschen
gemeinsam um die beiden
drehn noch einmal richtig auf
denn unsere devise heisst rage
don't hesitate rage rage hard &
turn it loud schnallt euch die
ghettoblaster wie flügel auf die
rücken holt eure e-gitarren aus
dem schrank & schliesst sie an die
hochspannungsmasten an bis die
stadt unter euren fingersätzen
zittert schlagt mit euren sticks
die schaufenster ein &
trommelt
euch frei auf den gläsern
der hochhäuser & der lemuren
die sie bewohnen die in
angepissten nachthemden auf
den balkonen stehen zeigt was
ihr könnt sie gehören euch die
klaviaturen ihrer dritten zähne
drescht auf sie ein ihr seid der
subgroove der nacht das zittern
in den bäuchen das flirren der
augen der boden der bebt der
schimmel auf dem herz der
stadt ihr träger hektischer puls
der versagt wenn ihr ihre adern
mit den schnittflächen eurer
körper durchtrennt & ihre
atemwege verstopft mit dem
brei eurer schädel & dem duft

der euren lässigen leichen
entströmt tränkt eure
zungen in benzin für den
cocktail der nacht & mischt
die party hinter den gartenzäunen
auf sprengt die zwerge in die luft
spielt domino mit ihren garagen &
reihenhäusern rasiert ihnen die
schnurrbärte ab holt die rasenmäher
aus den schuppen die grossen
scheren macht mir seile aus ihren
zöpfen mit denen wir die cabrios
an den telefonmasten aufhängen
setzt die kaimane aus den kanälen
in ihren badezimmern zwischen den
gummientchen aus legt vipern in
die löcher ihrer golfplätze füllt die
rasensprenger mit salzsäure
schenkt mir für meinen
kleinen finger einen feuerring
um die stadt wärmt mir mein
kaltes herz flüstert mir eure
verwüstungen
ins ohr ruft an wenn ihr wieder
da seid & wir weitermachen
ruft an wenn ihr die tunnels
unter dem fluss durchquert & die
brücken hinter euch hochzieht
riegelt die stadt & die ausfahrten
ab keiner entkommt uns schliesst
alle lautsprecher die ihr findet
an meine stimme an es darf
nur eine frequenz geben alle
müssen mich hören ruft mich
an & sagt mir wie es steht

euer ohr ist der kessel meiner
schlacht ruft mich an & die
ganze stadt ist auf sendung was
interessiert uns noch die asche
der kleinen süssen rothaarigen aus
der versicherungsanstalt bald
wird alles fleisch hier asche
sein & keiner mehr seine von
der ihren unterscheiden können
löscht eure mailboxen sperrt
alle nummern bis auf meine ihr
ruft mich an & ich rufe euch
zurück & sag euch was zu tun
bleibt ihr wisst nicht wo ich bin
doch ich weiss wo ihr seid ich bin
bei euch & die ganze welt wird
uns morgen in den nachrichten
sehen am anfang war es nur ein
spiel mit ein paar streichhölzern
im schatten des engels im fallen
jetzt will ich das totale inferno
& ihr kommt mit dem schrecken
davon dem glühenden schein
am himmel dem untergang
der sonne in der nacht der
brandspur auf euren billigen
skyjacken & orangenen plastik
häuten den schön gebrochenen
knöcheln in euren plateauschuhen
wenn ihr rennt rennt & rennt &
schliesslich stolpert & auf eure
lippenstifte fallt die die strasse
verschmieren die spur eines
kusses auf dem mittelstreifen
eine wimper im profil der

winterreifen vielleicht kommt
ihr davon mit einem summen
im ohr den infusionen &
akupunkturen den nadeln &
schläuchen im fleisch mich zu
vergessen ich bleibe bei euch
was immer ihr auch macht mein
radio spielt in eurem kopf &
summt auf der frequenz eurer
herzen ihr habt mich im blut &
ihr könnt nicht schlafen
ohne mich es hilft nicht den
wasserhahn in der nacht tropfen
zu lassen es hilft nicht dir einen
lover zu suchen der während
er schläft schreit hilft nicht
den fernseher auf mtv
oder cnn geschaltet zu lassen &
mich 24 stunden übertönen zu
wollen mit ihrem nichtssagenden
hintergrundgeschwätz & luftblasen
platzen dem ächzen der übersteuerten
mikrophone nichts übertönt mich
nicht das om deines yogalehrers
nicht das rauschen der blechhütten
im wind nicht das dröhnen der
stop&go motoren unter der auto
bahnbrücke nicht der wasserfall
im freibad nicht die künstlichen
wellen die dich umspülen nicht die
unterwassermusik wenn du ihn
in die tiefe & ins licht der bullaugen
tauchst nicht das werben der
wale in deinem kopfhörer noch
der schrei der delphine nicht das

koks mit dem du dir dumm wie
du bist aus verzweiflung die ohren
vollstopfst & sie dann mit tesafilm
verklebst es hilft nicht den kopf
in den sand zu stecken & auf die
würmer zu warten es hilft nicht
auf den rollfeldern den tragflächen
in den frachträumen zu liegen
nicht dich von deinem vater
anbrüllen zu lassen ihn zu
provozieren bis er heiser ist &
seine hände auf deine ohren ein
schlagen du wirst mich immer
hören denn ich sprech aus dir
zu dir mein empfänger liegt
tief wie ein pirat in deinem
körper du musst ihn mit der
stimmgabel suchen wenn er
dich überfällt & deine nerven
harpuniert bohr sie in dein
herz die gabel & warte bis sie
schwingt dann hast du ihn &
mich & das summen hat für
einen moment ein ende die
stille wird dich zerreissen bis
du taub wie dein körper bist &
mich vergisst nein mich vergisst
man nicht es sei denn ich
erlaub es dir wenn du sie
an mein ufer bringst ihre
fesseln von den gelenken löst &
mit deinen armen in der luft &
der frau auf dem rücken zu mir
ruderst ich schick dir den wind
er wird dir helfen & das knie

eines engels ruf mich an wenn
es soweit ist & du sie in den
fängen hast nimm
den scanner fahr über ihre
haut die buchten ihres körpers &
mail sie mir damit ich sie punkt
für punkt auflösen & ihr mein
gesicht geben kann die federn
auf meinen schultern den flaum
über meinen brüsten & ich wenn
sie bei mir ist in ihre haut tauchen
& sie von innen zerstören kann bis
sie mir gleicht bis aufs haar &
ihre lippen für mich singen &
alle die sich lieben sich zu töten
beginnen hallo hallo ja bist du
es wer bist du was du erzählst
mir du seist ich ich bin du
wo bist du
in meiner wohnung überall wo
ich bin was das wachs unter
meinen federn bist du die
schminke die mir übers gesicht
läuft wenn ich wie jetzt ins
schwitzen komme das ist die
feuerhitze sag ich dir nicht du
du bist meine alltägliche haut
aus der ich ohne dich nicht
fahren kann du sitzt zu hause &
wartest auf mich nein warte mal
so geht das nicht wir wollen hier
nicht die rollen vertauschen weißt
du mit wem du sprichst kennst
du meine stimme nicht spürst du
nicht wie sie hinter deinen

pupillen vibriert es ist nicht deine
stimme ich bin auf sendung
alle hören mich
ich bin das quietschen der
reifen das schleudertrauma des
regens unter ihnen ich bin das klirren
der fahnen im wind die sirrende
hymne der nacht die in den
durchgeschnittenen kehlen
singt ich bin das flüstern der
zeitzünder das ausklingen der
herztöne im körper der stadt ich
bin die stadt & ihr untergang ich
bin der felsen an dem alle strassen
enden & ihr meine galeerenjungs
stimmsklaven & dumdum-dummys
aus fleisch & blut für den ultimativen
crash den kick den ich brauch
ich bin der klang des chaos
die kakophonie der katastrophe
die frau im ohr die euch in die
stille des wahnsinns swingt das
schweigen der lungenmaschinen
ich bin ich wer
bist du warum sollte ich angst
haben ich kenne keine angst
ihr nur ihr seid es die angst habt
vor mir warum sollte ich den
lautsprecher anschalten ich höre
dich das reicht ich übersetze
was du sagst auf dieser station
schätzchen ist nur meine stimme
zu hören niemand verdirbt mir
hier die show & legt sich mit
seiner fetten zunge über den

zauber meiner stimme ich lass
ihn mir von dir nicht brechen
das hier bin ich mich täuschst du
nicht wenn ich dein fake durch
den äther jage schalten alle ab &
die zippos landen im
nächsten müllkorb & meine
feuerzungen fangen erbärmlich
zu stammeln an
die rasiermesser verfehlen die
kehlen & auf den hochhäusern
treten sie plötzlich einen schritt
zurück die roadstars bremsen
vor dem sprung & die jungs
küssen ihr airbag & lachen
dabei der vater vergisst seinen
sohn zu erschlagen weil er
ausgeschlafen am frühstückstisch
sitzt & sein zögling ihm die
zeitung holt & seit langem wieder
mit ihm spricht & das koks
mutiert zu zucker im kaffee &
die spritzen sonnen sich im
gebüsch die züge kommen an &
keiner lässt sich auf den strassen
von einem kotflügel mitnehmen
die engel weigern sich zu fallen
die schatten streiken die wolken
baden sich in luftballons &
menschen die sich sonst nie in
die augen sahen grüssen sich mit
einem zwinkern & alles hat wieder
seine alte ordnung die radios
leiern gelangweilt vor sich hin &
die schiffe finden im hafen statt

an den klippen ihr ziel ein
polizist hilft dem junkie über die
strasse & drückt ihm einen schein
in die hand für den imbiss gegen
über die leute lieben sich ohne
grund & weinen vor glück der
himmel putzt die scheiben der
büros mit wolkentüchern & der
regen ein kurzer milder regen
spült sie klar die blicke
treffen sich in den spiegeln &
weichen nicht aus der penner
setzt seinen hut auf & macht der
alten dame ein kompliment &
findet ein dach über dem kopf
make love not war ich geh
nach hause sitze im taxi &
der fahrer dreht den
rückspiegel so dass er mich
nicht sehen muss & spuckt
die worte wie kautabak in seinen
schwimmenden aschenbecher
wenn er mich beschimpft & wüst
verwünscht ich weiss nicht warum
seine augäpfel springen fast vor
wut seine wimpern zittern seine hände
die das lenkrad wie einen talisman
umkrallen er schwitzt schreit spuckt
dann lacht er & schmeisst mich an
der übelsten ecke aus dem wagen &
ich renne durch die stadt an den
bruchbuden vorbei den zuhältern
die mir auf den hintern klatschen &
mich mit ihren pfiffen verhöhnen
vorbei an den dealern & junkies die

mir ihre arme entgegenstrecken als
müsst ich ihnen das blut aus den adern
saugen den nutten die mich anmachen
dass ich verschwinden soll & die mit
ihren falschen krokotaschen nach
mir schlagen & fast aus ihren brüchigen
silikonhäuten platzen wie ein frosch
dem man mit einer zigarette das maul
stopft & scheisse
ich hab meine tasche vergessen
auf dem tisch im café neben
der zeitung unter seinem bild
das ich zerrissen hab & dann mit
meinen dicken tränen kitten wollte bevor
ich es naiv wie ich bin zu einem
kleinen scheiterhaufen knüllte den
ich auf der marmorplatte verbrannte &
dann mit rotwein löschte in die
asche blies zum abschied & mir die
bluse vollheulte ich hab seinen ring
verschluckt damit ich ihn mit
meiner scheisse abtreiben kann
hab mir die kontaktlinsen aus den
augen genommen die grünen augen
die er angeblich so liebte & sie mit
meinen pulsadern zermalmt meine
brille aufgesetzt & mir auf der
toilette das gesicht & seinen samen
ausgewaschen eine zigarillo nach
der anderen geraucht in der
hoffnung dass meine stimme die ihn
doch so verführte du hast eine so
erotische stimme ich bin ihr sofort
verfallen war wie gefesselt als
ich sie hörte musste ich dich

kennenlernen ich rauchte dass
sie das kratzen bekommt & ich nur
noch krächzen konnte damit ich wenn
ich mich höre mich nicht an seine
lügen erinnern muss daran dass er
der erste war der mir widerstand
mich während er mit meinen
freundinnen schlief wie
ein vöglein singen liess &
werben um ihn & er vergeudete sich
in seinen abenteuern & beruhigte
mich mit seinen geflügelten worten
die ich mir nachts immer wieder selbst
vorsprach damit ich sie glauben
kann & sie geglaubt habe dass ich
sein fels in der brandung sei sein
engel unter dessen federn er die
welt vergisst das wogen des meers
das schlagen der ruder dass meine
stimme wie honig über seine lider
fliesst sie schliesst vor dem grauen
der nacht & ihm ein süsses leben
verspricht er hat mich mit seinen kerzen
tropfen für tropfen ertränkt meinen
ganzen körper mit wachs übergossen &
mir dann nichts als den abdruck
seiner knochen auf meiner haut
hinterlassen das negativ seiner
liebe die kälte danach eine brüchige
haut die zerfällt & die man am
boden wie scherben zusammenkehren
muss ich bin gerannt & gerannt &
gerannt bis ich endlich allein &
atemlos vor meiner türe stand &
als ich sie öffnete war

alles wie tot & leer eine
schwarze leere die aus dem
herzen in die augen steigt
ich taste
als hätte ich vergessen wo ich
bin nach dem lichtschalter
stolpere über das telefonkabel
keine nachricht eine rote null auf
dem anrufbeantworter keine zahl
die mir die einsamkeit weglügt
keine leuchtziffer die mir ein
willkommen blinkt du bist hier
zu hause wir warten auf dich wo
bist du ich muss mit dir sprechen
hast du zeit nichts nichts ich fang
wieder an mit mir selbst zu reden
mir ein leben hinter den spiegeln zu
erfinden dreh das radio auf es läuft
die ganze nacht & ich träume mit
offenen verweinten schminkaugen
zum summen des kühlschranks &
dem fernweh der leuchtreklamen zieh
die rolläden hoch & zähle die lichter
in den fenstern will vergessen
endlich vergessen & spüre plötzlich
das kalte geländer meines balkons
an den schenkeln unter der hand
keiner entdeckt mich kein kind schreit
weil es mich beim zähneputzen
oder von der strasse aus sieht
auch hier bin ich allein auf meinem
betonfelsen & sing mein lied
unser lied an das du dich jetzt
schon nicht mehr erinnern kannst
wo immer du auch bist das radio

läuft vielleicht hörst du es auch &
es sagt spring du wirst fliegen dein
hass trägt dich durch die nacht &
deine wünsche werden sich erfüllen
du bist schön & die erde brennt &
alles sehnt sich nach dir wir warten
auf dich & hängen an deinen
lippen & tanzen auf deinen worten
du bist der beat unserer glieder nein
schweig ich glaub dir nichts die
autos ziehen noch immer mit
offenen verdecken vorbei der
nachbarsjunge drückt sich die
nächste spritze in die unterlippe
das dope lässt nach
nein ich weiss mir bleibt
nichts nur der dark room einer
an den herzwänden verdunkelten
seele & im mund das allmähliche
verstimmen der stimme das
werben des neons der tod &
sein schwarzer klang
der schatten unter dem flügel des
engels im fallen vielleicht ein
rauschen das der stille gleicht
in deinen augen jetzt bist du
ich mein letztes fade-out ein
kuss in die luft
black.

Deutschsprachige Literatur
in der edition suhrkamp:
Drama

Deutschsprachige Literatur
in der edition suhrkamp:
Drama

301/2/12.96

Deutschsprachige Literatur
in der edition suhrkamp:
Drama

301/3/12.96

Deutschsprachige Literatur
in der edition suhrkamp:
Prosa

Deutschsprachige Literatur
in der edition suhrkamp:
Prosa

Deutschsprachige Literatur
in der edition suhrkamp:
Prosa

300/3/12.96

Deutschsprachige Literatur
in der edition suhrkamp:
Prosa

300/4/12.96